油价波动应对策略

世界银行 著

张宝生 唐 旭 译

石油工业出版社

图书在版编目（CIP）数据

油价波动应对策略 / 世界银行著；张宝生，唐旭译．
北京：石油工业出版社，2014.1
书名原文：Coping with oil price volatility
ISBN 978-7-5021-9959-3

Ⅰ．油…
Ⅱ．①世…②张…③唐…
Ⅲ．石油价格－物价波动－研究
Ⅳ．F407.22

中国版本图书馆 CIP 数据核字（2014）第 003175 号

Copyright © 2008 by International Bank for Reconstruction and Development/The World Bank
This work was originally published by The World Bank in English as Coping with Oil Price Volatility in 2008. This Chinese translation was arranged by Petroleum Industry Press.Petroleum Industry Press is responsible for the quality of the translation. In case of any discrepancies, the original language will govern.

The findings, interpretations, and conclusions expressed in this work do not necessarily reflect the views of The World Bank, its Board of Executive Directors, or the governments they represent.

The World Bank does not guarantee the accuracy of the data included in this work. The boundaries, colors, denominations, and other information shown on any map in this work do not imply any judgment on the part of The World Bank concerning the legal status of any territory or the endorsement or acceptance of such boundaries.

© 2014 年，版权所有
国际复兴开发银行 / 世界银行

本书原版由世界银行于 2008 年以英文出版，书名为《Coping with Oil Price Volatility》。中文版由石油工业出版社有限公司安排翻译并对译文的质量负责。中文版与英文版在内容上如有任何差异，以英文版为准。

本书所阐述的任何研究成果、诠释和结论未必反映世界银行、其执行董事会及其所代表的政府的观点。

世界银行不保证本书所包含的数据的准确性。本书所附地图的疆界、颜色、名称及其他信息，并不表示世界银行对任何领土的法律地位的判断，也不意味着对这些疆界的认可或接受。

本书经 The International Bank for Reconstruction and Development/The World Bank 授权翻译出版，简体中文版权归石油工业出版社有限公司所有，侵权必究。

著作权合同登记号图字：01—2011—7794

出版发行：石油工业出版社
　　　　　（北京安定门外安华里 2 区 1 号　100011）
　　　　　网　　址：http://pip.cnpc.com.cn
　　　　　编辑部：(010) 64523582　发行部：(010) 64523620
经　销：全国新华书店
印　刷：北京中石油彩色印刷有限责任公司

2014 年 1 月第 1 版　2014 年 1 月第 1 次印刷
710×1000 毫米　开本：1/16　印张：12.25
字数：220 千字

定价：55.00 元
（如出现印装质量问题，我社发行部负责调换）
版权所有，翻印必究

本书版权属于国际复兴开发银行/世界银行所有

出版（能源部门管理援助计划 ESMAP）的文章旨在用尽可能短的时间向发展共同体通报 ESMAP 的工作。本书引用的某些资料可能源自于不易获取的非正式文件。

本书表述的有关发现、解释和结论等完全是作者的观点，不应以任何方式与世界银行、世界银行下属机构或其执行董事成员以及他们所代表的国家相联系。世界银行不保证该出版物内资料和数据的准确性，对使用其中任何数据资料产生的结果也不负任何责任。本书中任何地图上所表示的边界、色彩、命名和其他信息均不代表世界银行关于各相关领土法定状态、命名认可及国界承认等方面的判定。

本书受到版权保护。如需获得再版部分许可，请按如上版权通告上的地址与 ESMAP 经理联系。ESMAP 鼓励对其工作的宣传，如果再版用于非商业用途，ESMAP 会及时正式给予免费许可。

致 谢

本研究是在 ESMAP 和世界银行的支持下完成的，对 ESMAP 给予的经费资助表示衷心感谢！

本书由石油、天然气和矿业政策部门的罗伯特·培根和小岛长泽雅美完成，作者感谢德尔芬（南非区首席经济学家办公室）和唐纳德·拉尔森（发展研究小组）作为评审者给出的意见。此外，西尔瓦娜·图朵（石油、天然气和矿业政策部门）也给出了一些有价值的意见。

作者感谢 Nita 协会对本书文字编辑和图表方面给予的协助，并感谢 ESMAP 职员对本书制作与宣传的监管。

目　　录

概要 ··· 1
1 背景 ·· 9
　1.1 油价趋势 ··· 9
　1.2 油价波动的影响 ·· 10
　1.3 全书结构 ··· 12
2 油价波动的度量 ··· 14
　2.1 趋势、周期和波动：度量及统计分析 ··· 14
　2.2 油价的统计分析 ··· 18
3 美国海湾沿岸价格统计分析 ··· 19
　3.1 原油价格是平稳的吗 ··· 19
　3.2 成品油价格是平稳的吗 ·· 20
　3.3 过滤序列的构建 ··· 21
　3.4 变差的波动性 ·· 22
4 发展中国家的价格分析应用 ··· 31
　4.1 智利 ··· 32
　4.2 加纳 ··· 34
　4.3 印度 ··· 35
　4.4 菲律宾 ·· 37
　4.5 泰国 ··· 39
　4.6 观察结果 ··· 40
5 套期保值 ·· 42
　5.1 套期保值的作用 ··· 42
　5.2 期货合约的套期保值 ··· 45
　5.3 运行一个套期保值方案的成本 ·· 48
　5.4 估计套期保值比率、套期保值效率和其收益 ······························ 50
　5.5 期权的使用 ··· 56
　5.6 运行一个原油套期保值的注意事项 ··· 58
6 安全库存和价格上涨 ·· 63
　6.1 供货中断 ··· 63

  6.2 两时期安全库存价格平稳方案的操作 ·············· 67
  6.3 模拟 1986 年和 2007 年的安全库存方案 ·············· 69
  6.4 石油战略储备的国际经验 ························ 73
7 价格平稳方案 ···································· 77
  7.1 设定目标价格 ······························ 78
  7.2 价格平稳案例研究 ···························· 84
  7.3 评估 ····································· 87
8 石油消耗强度和多样化的解决 ························ 88
  8.1 石油消费占 GDP 比重及石油消耗强度 ············· 88
  8.2 相对价格水平和价格波动 ······················ 92
  8.3 能源多样性指标和一次能源石油份额 ·············· 97
  8.4 减少对石油依赖性的政策 ······················ 101
9 结论 ··· 104
  9.1 价格波动的统计分析 ·························· 104
  9.2 套期保值 ································· 106
  9.3 战略储备 ································· 107
  9.4 价格平抑计划 ······························ 107
  9.5 减少石油消费的价值 ·························· 108
附录 ··· 110
  附录 1 关于政府石油收益财政参数的影响 ············ 110
  附录 2 统计方法 ······························ 116
  附录 3 美国墨西哥湾沿岸的价格统计分析 ············ 120
  附录 4 发展中国家价格的统计分析 ················ 144
  附件 5 套期保值参数 ·························· 174
  附录 6 价格稳定公式 ·························· 178
  附录 7 术语 ································· 179
  附录 8 缩略词 ······························· 181
参考文献 ·· 182

概要

自20世纪70年代和80年代的大幅上涨后，油价一直处于波动状态。最大的波动在2007年，标记原油日现货价格在1月到11月之间几乎翻倍。油价在2008年年初的波动值超过了20美元/桶，进一步肯定了油价不稳定的推测。石油对每一个经济体来说都是非常重要的，当油价高、不稳定时，政府不得不进行干涉。由于在干涉过程中可能存在巨额损失，各工业国家的储蓄银行、中央规划机构及智囊团多年来致力于油价波动性的量化分析。

本书是《应对高油价》（Bacon and kojima，2006）的续篇，也是由世界银行负责的能源安全评估的一部分。《应对高油价》主要是处理高油价问题，本书则是针对油价趋势的波动情况，考察油价波动的测量值，评估了几种不同的处理油价波动的方法：套期保值、安全储备、价格平稳方案，以及减少对石油的依赖（包括能源多元化）。本书未就油价波动对国家宏观经济的影响或是宏观经济政策反应等问题进行分析，因为从本质上看，这些方面与应对高油价更相关，与应对油价波动的关系并不那么密切。另外，本书主要是从消费者的观点来审视油价的波动性，而不包括大型石油出口商的收入波动管理。

原油及成品油价格的统计分析

本书首先对1986年到2007年美国墨西哥湾海岸每日、每周和每月的原油及成品油的价格进行了梳理研究。研究分为三个阶段：第一阶段从1986年到1999年年底；第二阶段从2000年到2003年年底；第三阶段从2004年到2007年3月。在某些案例中，价格数据延续到2008年2月。月度价格分析中包括五个发展中国家（智利、加纳、印度、菲律宾和泰国）的原油和成品油价，把价格转换为当地货币单位，以便在考察油价波动的同时还考虑通货膨胀因素。统计分析得到以下建议：

（1）除了第一阶段的某些燃料之外，价格水平是不稳定的，也就是说，价格均值和方差不是随时间延续而恒定不变。有迹象表明，对价格的冲击有定常和临时（衰减）两部分。本地货币价格与美元价格存在一定的差别，在此，某一价格是稳定的，而另一个则不然。出人意料的是，有两个案例中，本地货币汽油价在2000年到2007年间是稳定的（因此是均值回归的），但以美元计的价格则不是稳定的。

(2) 最近美元相对于其他货币贬值，由于许多国家的货币兑美元汇率的走强，使这些国家的价格涨幅没那么严重。把2004年到2008年的国际油价转换为五个发展中国家的当地货币价格，结果表明，除加纳之外，其他各国中，名义价格（以美元计）的增长要比实际价格（以当地货币价格计）的增长水平低。从实际价格看，所有五个国家当地价格的增长比率都较低（表1）。表中比率大于1表示名义价格与对美元实际汇率升值之间有抵消作用。

表1 以美元计与以当地货币计的价格增长比率

国家	名义价格	实际价格
智利	1.19	1.23
加纳	0.92	1.27[a]
印度	1.15	1.24
菲律宾	1.36	1.5
泰国	1.18	1.21

资料来源：作者计算，时间为2004年1月至2008年1月。
a. 实际价格仅到2007年11月。

(3) 如果将日价和周价的波动方差在三个阶段中做比较，那么第三阶段中的原油价格波动最小。而对某些成品油而言则正相反：即2000年后的价格波动比之前的波动大；但其波动性在第三阶段呈现轻微降低，并未返回到第一阶段的水平。大部分的月度价格序列（月度价格序列或被认为是政策设计时最重要的参考）却没有得出统计上显著的结果。表2给出了欧洲布伦特原油、汽油和瓦斯油的月价格水平均值、价格变差（即相继两月的价格变化值）的标准差（方差的平方根）及该标准差的对数值（当相继两月价格变差较小时，该对数值可近似表示该变差的相对比值）。对原油和瓦斯油来说，其在2004年以后的时期波动最小；而汽油价格在1999年以前的时期最小（尽管这些差异在月度价格方面统计上并不显著）。

表2 月度现货原油和成品油价格统计

时期	布伦特原油[a]			汽油			瓦斯油		
	价格均值美元	变差SD美元	变差SD对数值	价格均值美元	变差SD美元	变差SD对数值	价格均值美元	变差SD美元	变差SD对数值
1987—1999	18.06	1.68	0.085	21.94	2.06	0.084	22.24	2.10	0.084

续表

时期	布伦特原油[a]			汽油			瓦斯油		
	价格均值美元	变差 SD 美元	变差 SD 对数值	价格均值美元	变差 SD 美元	变差 SD 对数值	价格均值美元	变差 SD 美元	变差 SD 对数值
2000—2003	26.65	2.54	0.096	31.32	3.27	0.107	31.32	2.87	0.087
2004—2008[b]	59.01	4.53	0.079	66.62	6.75	0.102	70.83	4.96	0.071
1987—2008	27.75	2.68	0.086	32.50	3.70	0.092	33.52	3.06	0.083

资料来源：能源情报 2008，作者计算。

注：SD—标准差，以美元计价。

a. 价格均值 = 布伦特原油月度现货平均值；变差 SD= 相继两月的布伦特原油价格差值的标准差。

b. 2004 年 1 月至 2008 年 2 月。

（4）本书进行了检验以确定：历史价格波动性是否稳定？如果稳定，那么多长时间会返回到均值。结果显示：日价的变动趋于稳定；均值回归半周期在 2 天到 100 天之间；周价格的测试结果则结论不是那么明确，但在其中的两个案例中价格波动不稳定，且增长趋于无限；月度价格的分析结果中结论最不明确，大部分时间段没有任何有意义的结果，尤其是在最后一阶段。价格波动性数据的统计分析结果"表现不佳"，表明价格随时间的波动是随机的。

（5）五个发展中国家（以当地货币计价）的价格波动方差显示，除智利在 2000 年以前的阶段之外，当地货币相对美元的升值并没有减少波动性。无论名义价格还是实际价格，在所有其他案例中，当地货币价格与美元价格波动相同或者比美元价格的波动性稍强。

套期保值

套期保值是以减少价格反向变动（期货油价对买家上涨，而对于卖家来说下跌）造成的风险为目的的一种策略。一个主要油品出口商的管理机构希望能对未来的石油收入保值，而一个国有运输公司则考虑为其船队所购买的柴油套期保值。在石油期货市场中，买家可以通过一份合同以固定的价格购买几个月后才交割的油品，从而使买家锁定了未来的油价，减少了价格不确定的风险。如果未来油价比合同价格高，那么买家则赢得了收益；反之，买家则在不使用合同的情况下收益更好。卖家参与石油期货市场也是同样的方式，只是实际和未来价格的影响与买家参与的情况相反。这些基本设定还有很多的变体，各自检验不同程度的复杂性和成本。

本书研究了 1987 年到 2007 年纽约商品交易所的西得克萨斯州中质油（West Texas Intermediate，WTI）原油期货交易合同价格，并进行了一项事后模拟分析，用以计算总风险最小化目标下实物石油交易量中需要进行套期保值的百分比（风险最小化套期保值比率），同时计算与不做套期保值相比其风险下降的百分比（套期保值效率），并将套期投资组合与未套期投资组合的回报进行比较。对于买家而言，风险最小化套期保值比率和套期保值效率随着期货交易合同期限的延长而趋于增加。在短期合同下，套期保值与不套期保值的收入较为接近；但是对于 24 个月的期货交易合同，不采取套期保值比采取套期保值的收入要低很多，这表明非套期保值组合存在一定的损失。纽约商品交易所中汽油和柴油的套期保值效果与原油类似。

对 1986 年到 2007 年现货价格和 6 个月、12 个月、24 个月的期货合同价格的比较显示，在超过一半的时间里，期货价格比现货价格低，纽约商品交易所期货价格预测偏低的程度随着期货合约期限的延长而增加。从 2004 年 1 月起，期货合约价格对三个季度以上的实际价格的预测偏低，而 24 个月的期货合约 100% 对实际价格的预测偏低。

然而，并不能通过这些事后模拟所发现的结果得出结论：使用期货市场就能减少价格波动的负面影响。在任意既定的时间内，期货交易的收市价可能是对现货价格最准确的估计。政府或是其他机构不太可能系统地估计出比市场本身更好的将来几个月内的价格。套期保值是用来减少风险而不是用来增加收益的。根据事后模拟可能出现一段时间内未使用套期保值的收益超过了使用套期保值的收益的情况，但不能由此判断这种情况能否持续。

政府机构或国有企业从事套期保值前有几点需要考虑。期货合约及其衍生产品是有财务成本的，有时需要每天进行融资，虽然这些融资最终还是流回到套期保值者手中。这些融资需求可能导致现金流问题，甚至达到无法管控的程度。一个基本的风险就是，原油或成品油期货交易和套期保值交易价格之间的差额，这里的差额来自于交割的数量、地点和时间的差异。

公众一般为政府对套期保值项目的成功与否负责。当套期保值策略造成经济损失时，该策略就会很快失去政治支持。对于一些政府，缺少能够用来研究和复制的其他国家的成功案例，是一个相当大的不足。政府虽然进行了多次套期保值买卖交易，但目前的规模仍然较小。政府的谨慎也表明并不能简单依靠套期保值来解决油价波动问题。

安全库存和价格骤涨

在 1950 年到 2003 年间，全球石油供给经历了 24 次大中断，每次平均持续时间在半年左右，影响了全球 4% 的石油供给。安全库存可以用来帮助缓解供给中断引起的油价急剧上涨。

> 安全虚拟库存计划——没有物理库存，在油价急剧上涨时由现金替代转移给消费者，能够保护消费者的利益。但是对虚拟库存的模拟研究显示，在需要启动这个计划时，即在油价上涨的时候，政府采用这个虚拟库存将会花费更高。

在设计安全库存计划应对油价上涨时需要首先做出以下决策：(1) 需要改善的价格事件的性质；(2) 库存的最大容量；(3) 库存不满时，补充购买的最低启动价格是多少；(4) 从库存中卖出石油的最高启动价格；(5) 当价格超过最高启动价格时，每个时间段的最大允许销售。安全库存的指导容量是国际能源署 [International Energy Agency (IEA)] 提出的成员国持有 90 天与本国贸易进口相当的库存量。这些库存可以直接由政府管理，或者授权部分公司持有比其正常商业库存水平再多一些的库存量，如日本和韩国。

本书对 1986 年到 2007 年的安全库存计划进行模拟。这段时间被分为两个阶段，第一阶段是 1986 年到 1999 年年底，第二阶段是 2000 年到 2007 年 3 月，对两个阶段分别采用其各自发布的释放库存标准。第一阶段的最低启动价格和最高启动价格都较低。根据评估标准，2000 年 9 月到 11 月只有一次释放库存，而政府的净成本是消费者净收益的三倍。第二阶段，最高价和最低价以及不同的最大允许出售量都经过了检查，和预期一样，每月最大允许出售量越高，或者最高启动价格越低时，消费者越能获得更多的利益。然而，在这些消费者收益最多的案例中，到模拟期末战略库存衰竭，使得国家很难抵抗随后的油价上涨风险。政府最终的净成本比第一阶段的要低。因此，政府在很大程度上能够在油价上涨时通过低买高卖获利。

模拟结果显示，设计固定的交易规则会限制计划的效力。因为平均油价预测的显著变动，启动价格需要随时更新。设定的规则满足了第一阶段，但是对第二阶段（1999 年后）来说是不够的，因为库存购买是不允许的，而且库存在第二阶段的价格上涨之前就耗尽了。第二阶段的模拟结果显示，即使大部分时间里油价上涨，政府仍有可能以较低的成本来实施安全库存计划。挑战之一就是如何提前判断价格有上涨的趋势。其中常见评估市场价格趋势的工具就是原油和成品油的期货价格。

模拟结果说明，当价格在一个较为固定的值周围波动时，库存被储存的时间就会较长。而且，如果再补充库存，除了价格特别高的几个月之外，政府将全程持有这些库存。

当在平均值周围的波动较低时，库存就会很少被使用，这时候库存的运营成本将会很高。对高收入国家来说，补充和运营很少使用的库存的费用是能负担的。但对低收入国家来说，费用可能太高，而且能够坚持的时间也需要比国际能源署规定的 90 天要短些。

价格平稳计划

很多政府对消费者都曾采取过价格方案以平滑国内油价的波动。判断价格平稳计划是否成功主要参考以下几点：(1) 国内油价波动减缓；(2) 全国油价的整体水平降低；(3) 财务成本或收益舍弃。一般采用的方案是根据过去的平均油价来定价，或者可能是参考过去几个月的期货价。对历史 WTI 现货和期货价格的分析结果显示与预期一样，随着平均期的延长，油价有所下降，另外。基于过去三个月现货价格得到的国内油价波动与后三个月期货价格平均得到的目标国内油价波动是很接近的。以相似的方式计算肯尼亚和加纳的油价（在计算期间两国货币经历了大幅贬值），发现以本国货币计价比以美元计价的油价波动高。但是，尽管加纳货币的贬值幅度更大，然而两国的波动却无明显差异。

本书在目标国内价格采用不同时期的 WTI 均价情况下，对 1986 年到 2007 年的价格平稳计划进行了模拟，结果表明，即使是价格波动在合理范围内的 1986 年到 2000 年间，这些方案产生的累计余额在大部分时间里都是负数，2000 年时，负累计余额出现陡涨，且此后一直保持为负值。如果给出一个以某一目标价格为中心的价格范围，只要当前价格仍在目标价格的特定百分比范围内，政府就不会调整当前的价格，这样一个方案大大减少了政府的累计花费，当然价格的波动性会因此有所增加。

石油强度和多元化经营

另一种应对油价波动的方法就是通过提高能源效率、抑制石油需求、能源多元化来减少对石油的需求，从而降低石油消费对国民生产总值（Gross Domestic Product，GDP）或者一次能源需求的重要性。一个国家消费的石油与当前GDP的关系越紧密，对经济的影响就会越大。为此目的，本书考察了全球的历史趋势：

（1）以市场价格估算的石油消费占GDP的百分比，以当前美元表示（GDP中的石油份额）。

（2）单位GDP所消耗的石油桶数（石油强度）。

（3）石油消费占一次能源需求的比重，均以常用的能源单位计算（一次能源中的石油份额）。

（4）基于六种能源（石油、天然气、煤、核电、水电和可再生能源）的能源多样化指数。

163个国家的样本中，有一半的国家在2006年将6%以上的GDP花费在石油上，其中有16个国家则花费了15%以上的GDP。所有在石油上花费较高的国家均为发展中国家。石油消费占GDP的比重在20世纪90年代后才有所下降，但在近十年又开始上升，而在近几年，几乎全球的石油消费都在上升。40%左右的国家石油消费占GDP的比重在2005年和2006年达到最高。有一半国家的石油强度在20世纪80年代早期最高；30%以上的国家能源强度在2006年最低。因此，2006年石油消费占GDP的高比重很大程度上反映了高油价，而不是高石油强度。

在不同能源的价格水平和价格波动关联较小的情况下，能源多元化可以帮助减缓能源价格上涨和波动的负面影响。自2000年以来，煤炭和烃类能源（石油和天然气）的价差不断扩大，使转向煤炭资源的吸引力增大。过去的20年里，在所有种类的能源中以美国的天然气现货价格在过去20年的价格波动最高，而进口到欧洲的平均天然气合同价格最低。在2004年之前，澳大利亚煤炭现货价格的波动性比石油现货价格低很多。2004年之后，两种能源的价格波动性持平。油价和其他能源价格波动性之间的相互关系较弱。即使这些能源价格的波动性并不低，减少石油依赖，转向能源多元化仍然是很有吸引力的。不同能源间的弱关联性导致了有趣的现象：2004年到2007年，25%的煤炭和75%的石油的能源结构的价格波动性低于两者单独存在的情况。这说明能源的多元化可以减少燃料组合总价格的波动性。

一些小岛国和非洲国家及其他少数国家仅依靠石油作为唯一能源。石油占一次能源比重在世界范围内自20世纪80年代早期开始下降。到2005年，四分之一国家的石油占一次能源比重小于25%，但还有三分之一的国家石油占一次能源比重在75%以上。半数以上的国家依靠两种及两种以下的能源。

结论

通过对价格波动性的统计分析发现,波动性并不遵循任何规律,尤其是在跟踪每月价格时更是如此。如果分析结果显示,油价波动有无限增大趋势,这时尝试稳定油价的做法都不会成功,尽管在进行平稳油价波动时采取小心谨慎的探索方式。在此情况下,依据系统化公式(如基于价格平稳公式或采取战略库存运营方案)而设计的政策也存在很大风险,甚至使财政变得无法持续。

在所选样本中,全世界接近五分之一国家的石油强度在近十年达到峰值。实际上几乎每个国家的石油消费占GDP比重在过去三年都在攀升,使得十年前本不严重的情况变成了今天必须严重关切的问题。石油消费占GDP比重的迅速攀升似乎在喻示:很多国家一直没能做出足够的努力来关注在现在看来是长期性的问题。如果油价波动继续保持在目前的高变动水平(这是极有可能出现的情景),除非政府能够减少石油消费,尤其是那些石油强度高的国家,否则对经济的打击将会很严重。考虑到能源多元化可能难度较大,因此,通过提高能源效率和采取需求限制措施以节约燃料的做法,其重要性怎么强调都不过分。

1 背景

在20世纪70年代到80年代的大幅上涨后,油价一直多变。油价比大部分其他商品变动更大,促使政府(尤其是发展中国家)以各种方式干涉石油市场,包括针对最终消费者的价格平稳计划、燃油税调整、价格控制以及能源多样化、减少石油依赖等。

虽然有一些商品价格与石油价格的波动相当,但由于石油对所有经济体的重要性,油价波动的影响是最严重的。例如交通部门,没有其他能源可大规模替代汽油和柴油。油价波动对货运(实际上是所有商品的运输)和客运都有很大影响。

量化研究表明,并不像很多人所认为的,油价比其他大部分商品价格波动大。Clem(1985)发现农产品价格在1975年到1984年间的波动是所有商品中最大的,这段时间还包括了第二次石油危机。最近的研究,如Regnier(2007)考察了1945年到2005年8月的商品价格,发现原油价格、成品油价格和天然气价格比美国卖出的95%左右的其他产品的变动性更大。与其他初级能源产品相比,油价比60%的初级产品(包括农产品、食品、饲料)价格波动大,但是比21%的初级产品价格波动小[1]。

1.1 油价趋势

图1-1显示了过去20年来的油价情况。数据显示西得克萨斯州中级原油WTI(这是一种标志原油)月度价格持续波动,在1990年8月到1991年1月第一次海湾战争期间,价格达到顶峰,接着从2001年12月19.39美元的低价大幅抬高到2008年2月的95.39美元[2]。把第一次海湾战争的例外情况去除,20世纪90年代的油价趋向于在一个更窄的范围内波动。

近期油价波动事件的发生,使政府和个人都不得不调整他们的策略以应对快速变化。历史价格变化说明决策者面临着两个独立而又相互联系的不确定因素。第一个不确定因素是价格自身的趋势,第二个因素是价格围绕这个趋势变动的程

---

[1] 这两类产品的百分比加起来不是100%,原因是两组产品的波动差异统计结果是显著的,而剩下19%的产品统计结果不显著。

[2] 文中,真实价格依据2007年1月的消费者物价指数确定。

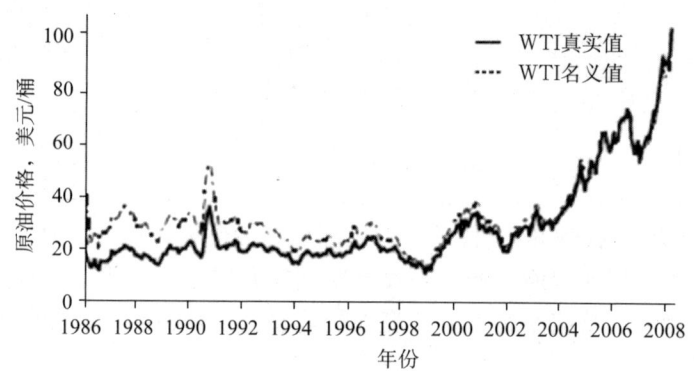

图 1-1　每月 WTI 原油平均现货价格

资料来源：美国能源信息署，2008

注：真实价格依据 2007 年 1 月的消费者物价指数确定

度。即使价格的变动很平缓，决策者仍然需要考虑价格水平的变化，以适应新情况和可预期的未来价格水平。第二个不确定因素由中长期价格的大幅变动而引起。决策者需要认识到，一些价格变动是暂时的，至少其中一部分是与实际相反的，但是价格变动仍会影响经济（无论国家是否买卖石油或其产品）。油价波动越大，就越需要有相应的战略来应对。

1.2　油价波动的影响

多变的油价对经济体有一系列的负面影响。其中一些直接影响到整个经济，一些影响到政府，由此通过政府决策进而影响到经济，还有一些直接影响到个体公司和消费者。

1.2.1　国际收支

面对高油价，国际收支将会随着进口量的增加而恶化。当某种货币相对美元升值时，这种影响会被抵消（国际石油市场以美元计价）；同时，也可能有其他因素加剧了进口成本的上升（如食品价格），或对净出口国来说，其出口产品（尤其是矿产资源）的部分收益因价格随汇率上升而被抵消。国际收支的恶化在短期内可以通过货币储备或国际借款调整，但若应对长期油价持续上涨（正如自 2004 年以后出现的情况），这些方法则无法持续有效。政府可能不得不紧缩经济来减少进口需求，特别是石油进口，但这又会影响到社会的所有部门。油价波动会使这个问题更加糟糕，因为暂时超过平均趋势的价格上涨不容易与增长趋势本身分开，当价格不在一个固定值周围变动时，这种情况更是如此。石油进口汇率增长会迫使政府担心这种增长是持久的,而实际上一段时间过后发现价格增长是暂时的。油价激涨可能会触发启动某项补贴计划,但从政策的角度来看,这个计划在价格下降到原水平时不能轻易被撤回。暂时的价格下降时也有同样的情况。因此,这些情况会诱导政府产生错误的安全观念进而采取某些行动(如降速发展计划以减少能源和石油强度),而事后又对所采取的这些行动后悔。

1.2.2 预算赤字或盈余

对补贴国内油价的政府来说,国际油价波动转化成了政府实际支出流的波动。这种情况会导致财政计划管理上的困难,因为财政计划一般都是提前一年且基于平均油价预测而制定的。这种难以与一般增长趋势相区分的突然而短暂的价格上涨可能会诱导政府改变其财政政策,因为政府可能担心这种价格的变化是持久的。

1.2.3 国内经济产出

价格波动与产出降低常常联系在一起,这在政府价格平稳计划缺失时常会经历到。产生这种关联性似乎有三个原因。第一,价格波动会导致延缓投资,因为公司会等待观望,看价格水平落于何处,以确认其投资决策是否合理。第二,随着油价上涨,资源会从使用石油密集的部门向石油密集程度较低的部门转移,但缺少劳动力流动性只会导致石油密集部门的失业率增加,因为那些失业的工人并未做好准备转移到其他领域工作。如果实际工资出现令人不愉快的下降(工资一般不会下降,即使对劳动力的需求下降),还会阻碍部门间的调整。第三,企业不断地调整价格和产出以适应投入成本的变化,使公司的调整成本增加,放慢对价格变化的短期响应。于是导致企业做出次优生产决策,而且这种结果会因油价波动加剧而变得更糟。

1.2.4 家庭行为

家庭面对油价波动时,一般都试图调整其日常开支计划。根据期望收入和价格轨迹来进行消费调整是面对价格波动的福利最大化应对方式。然而,在油价(或者其他重要消费品的价格)较高时,很多家庭无法保持在原来的消费水平上。如果这些家庭在高油价时需要采取借款、减少储蓄的方式来维持消费模式,但其信用受限或缺少易于使用的资产,那他们就需要减少消费,这就会导致福利损失。因此,收入最低的阶层可能是价格波动的最大受害者,低收入者直接或间接的石油消费比重比高收入群体要高得多,由于低收入者的应对机制是最薄弱的,任一给定的油价波动的负面影响到他们这里都有放大效应。

1.2.5 政府回应

很多国家的政府都在努力减少油价波动带给经济的负面影响。如果一些政策的目的在于将风险转移到国外，那么这些方案的花费由预算承担，以至于影响到当前及其后代的市民。这类方案的损益可能很大，有时可能得不偿失。另外，因为总收支平衡或者政府赤字会受到多种源头波动的影响，集中在减少油价波动的影响仅仅是解决了部分问题。

如果政府试图通过价格平稳计划及其他方法把价格波动的负面影响从消费者转移到政府自身时，那么，这些方案的成本最终也还是由消费者来承担。然而，这些预算支出需要财政支持，这些调整支出（或者税费）政策变动产生的影响与价格波动对消费者产生的影响可能不同，这可能引起社会福利重新分配。能清楚地看出，当油价平滑方案产生大幅临时性补贴，使石油消费者按其用油量比例获益，尽管该政策的调整成本是由所有减少开支的家庭所共同承担。

1.3 全书结构

本书是 ESMAP《应对高油价》（Bacon and Kojima，2006）的续篇，也是由世界银行负责的能源安全评估的一部分。《应对高油价》主要是处理高油价问题，本书则是针对油价在其趋势值上下波动情况。本书考察了油价波动的本质是否在近年来有所改变，并研究了政府应对油价波动的几种不同的政策选择。

接下来的 3 章采用统计的方法对油价波动进行研究，油价波动数据来自重要参考市场——美国墨西哥湾沿岸，以及世界不同地区的 5 个发展中国家——智利、加纳、印度、菲律宾和泰国。文中还讨论了应对油价波动的若干策略：套期保值、石油战略储备、价格平稳计划、节能和多元化措施。

有两点要正式说明以免引起误解。一是为了缩小研究范围，本书主要从石油消费者和进口商的观点来考虑油价波动。对一个主要依赖石油销售收入的石油出口国来说，油价波动和收入波动联系紧密，也是唯一与政府预算的计划和实施有关的挑战。书中有两个地方涉及收入波动：

（1）在附录 1 中，考察了多种财政参数对收入平滑的影响。检验结果表明，调整财政参数并不是平稳石油收入的有效方式，还需要其他的方法来管理收入波动。

（2）第 5 章讨论了套期保值。套期保值可为出售石油时的石油价格提供更大的确定性，进而可以帮助主要出口商管理预算流程。为了便于阐释，第 5 章集中分析了在国际市场上出售原油的生产商。对称地来看，石油购买者的情况与卖家是相反的。

　　第二个要说明的是，本书并不考虑如何采用宏观层面上的政策以应对油价波动对宏观经济的影响（对宏观经济影响最大的实际上是高油价，而非油价高波动），也不考虑如何度量油价波动对国家宏观经济表现的影响。本书主要研究的是部门层面的问题。

2 油价波动的度量

检验油价波动（本章和后两章的核心内容）中，本书扩展了其他学者的分析，包括对近几年油价的分析以及将统计方法广泛用于发展中国家当地的石油货币价格。最近的油价引发了很多问题，这些问题在分析应对价格波动之前就需要回答：

(1) 随着时间的推移，油价是否存在特定的趋势或模式？或者是无规律的？
(2) 价格趋势上下的变动有多少能被确定？变动是否随着时间改变？
(3) 不同系列时间间隔（天、周、月）下，其变动性是否相似？名义价格和实际价格是否相似？原油和不同成品油的价格是否相似？
(4) 在非美国市场，以当地货币计价的原油和成品油价格波动情况如何？

在分析这些问题之前，本章对表述这类问题的标准统计方法进行了简要描述，以下只给出了理解本书其余各部分内容所必需的基本概念。更详细的内容请参见附录2。

2.1 趋势、周期和波动：度量及统计分析

与许多其他商品及金融资产的统计特征一样，油价的统计特征近年来受到了广泛关注，大量技术文献从不同角度研究了该主题。本章的目的不是回顾这些文献，而是介绍用于本书的方法和统计工具。

2.1.1 价格和度量的时间间隔（Prices and Time Interval of Measurement）

油价数据有每天的价格以及每周、每月、每年的平均报价。这些不同度量下的报价数据水平和波动分别与不同的机构和不同的目的相适应。石油贸易商（也包括大型出口国）需要关注每日的价格变动；在另一极端，政府制定年度预算计划则需参考年度价格和价格变动；介于两者之间，政府为消费者调整价格而制定的价格平稳计划通常是每月或者隔周更新，以保证国内价格与国际油价变化保持一定程度上的一致。本书的统计分析主要集中在每月和更短的时间间隔的价格波动，因为年度数据太少，无法进行稳健的统计分析。

2.1.2 价格和平稳性（Prices and Stationarity）

价格特征的统计分析是依据其平稳性来检验的。如果序列平均值和方差在加

入更多数据时仍不变,则该序列是平稳的,常规统计方法可用。序列价格无限增长时是不平稳的,在这种情况下,平均值不是恒定的。即使价格序列的平均值是一个恒定值,如果围绕着均值的波动随时间变得越来越大,那么该序列仍然是不平稳的。因为在这种情况下,衡量波动的方差不是恒定的。一个价格序列可以对应一种趋势,但即使做出了趋势调整,方差也可能仍不能随时间不变。当一个序列符合所谓随机游走时,就是一个很重要的不平稳的例子,在随机游走条件下,每个后续价格等于其前一个价格(亦即,乘以一个等于1的系数)加上一个新的随机振荡,这样,经历 K 段时间之后,价格等于其 K 段时间之前的价格加上 K 个随机变量的和。表现出这种特征的价格序列的方差倾向于不断变大。当前价格等于过去价格加上其他因素的序列应被称为展现一个单位根。如果序列没有单位根,则过去价格对当前价格的影响就小于一个单位,方差就趋于某个恒定值。

对单位根存在性的标准检验采用扩充迪基富勒(Augmented Dickey-Fuller,ADF)检验,该检验可以给出价格序列的均值和线性趋势以及以前的(滞后)价值。本书中所有的序列都进行了这种检验。正如在附录2中所详细描述的那样,标准 ADF 检验在某些情况下几乎没有作用。为判断方差是否随时间不变提供更多的可信度,本文采用 Cochrane(1998)提出的方差比检验法。

2.1.3 建立序列趋势值(Series Trend Values)

建立价格倾向归附的数值或趋势是很重要的。举一个没有这种趋势的简单实例,序列的平均值就是价格倾向归附的值,并且可以看做对未来价格的最好预测。由图 1-1 可明显看出,在过去整个 20 年来,价格均值保持不变是不可能的。具有结构性变化的序列模型可以呈现出在不同特定日期上的均值有一个或多个变化,这些特定的日期与众所周知和熟悉的外界事件有关,这些事件能够解释为什么价格总水平在某些时间发生变化。对各子样本(含有不同时间段的价格数据)进行均值相等检验可检验出均值是否随时间而变动。

自 2000 年起以后价格水平的变动表明,均值回归模型(认为价格总会回归到一个相同值的基本假设)不适合于描述 2000 年之后的总体油价特征。一种建立价格趋势的标准技术(不是使用基于供需的规范式模型来解释价格的序列)是利用一种"滤波(Hodrick-Prescott,HP)"来平滑价格波动。HP 滤波法创造的序列,其各期变化就相当平滑,且接近实际价格。实际数据与滤波序列的差异(更确切地说,实际价格减去滤波序列)被称为数据的循环部分,尽管这些数据不一定包括明显的循环特征。

2.1.4 建立波动序列 (Series for Volatility)

价格序列的波动分析是基于数据的变差 (Returns),亦即各时期价格的变化。例如,每月价格的变差就是两个连续月的价格之差。与其他许多研究一样,本文中采用的方法是对两个连续期价格做对数处理后的差值。当一个时期与其下一时期的变动幅度相对于价格水平本身较小时,这种计算就给出了一个大致的价格变动百分比。人们习惯使用对数差是因为它们是无量纲的,所以,用来综合表达价格特征的统计量(如方差)就能够直接与其他序列(价格数据的单位或许不同)的对应统计量进行比较。

某序列的历史波动是基于序列的变差平方的结果,而度量一个时期内的波动总和的统计量则是该序列变差值的方差或者标准差(方差的平方根)。这就构成了价格不可预见性程度的一种度量,成为应对波动的政策依据。

当价格趋势与价格水平吻合时,每期价格的部分变化起因就是趋势的增加。度量波动的另一个方法是基于 HP 滤波法的循环变差。循环变差指的是实际价值和滤波价值(价格水平的趋势线)差值的变动。滤波值的变动越接近 0,循环变差值就越接近前一时段的变差值。

2.1.5 波动变化的检验 (Testing for Changes in Volatility)

本书关注的核心问题之一是:价格波动是否增长或能显出系统性的模型特性,这些特性是在应对波动的决策时需要考虑的因素。有几种统计工具可用来研究价格波动本身是随机的还是表现为某种潜在的模式。最简单的方法就是把变差数据分成若干分时期并比较各分时期的方差。判断两个不同时期的方差是否在统计上无差异(即实质上相同)的标准检验就是 $F-$ 检验。

大量文献都在研究变差的方差是否趋于聚合。在这种情况下,一个大的变差平方很可能随后跟着另一个大的变差平方(即使实际变差是反号的),而一个小的变差平方可能随后跟着另一个小的变差平方。如果发生这种情况,由外部事件引起的波动突然增长会带来几个时期的大波动,即方差的振动不会很快消失。用来检验上述假说的模型是广义自回归条件异方差模型 (Generalized Autoregressive Conditional Heteroskedasticity, GARCH),参见附录 2。每期的方差本身也有可能是非平稳的,不会显示出回归到一个固定值的趋势。如果方差不平稳,基于方差本身来测量波动会呈现随时间的增加而增加,那么最近期的值就是对未来波动性(以方差度量)最佳的预测。本书中使用的 GARCH 模型公式在条件方差方程里含有最多两个参数(这里所说的有条件,是因为提前一期预测方差的方程是基于过去的信息):

(1) 前期有关波动的信息（可以是前一日、前一周、前一月的信息，取决于价格序列的时间回归）。

(2) 前期对方差的预测。

第一项（称为 ARCH）必须分析，而第二项（称为 GARCH）有时可以省略。如果公式只含有第一项，则表示为 GARCH (1, 0)，如果两项都有，则表示为 GATCH (1, 1)。可以用瓦尔德（Wald）检验来检测条件方差的非平稳性。如果过程是平稳的，则方差震动的半衰期区间可通过 GARCH 方程估计出来。

2.1.6 变差序列模式检验（Sequential Patterns in Returns）

为了做出应对油价波动的决策，相关机构也需要考虑变差的时效性。具有某一给定方差的正变差序列（价格水平稳定增长）可能比有相同方差的正负变差序列（价格水平时增时降）更难以调整，序列模式测试就可以用来检验价格的这一特性。

由于在某些时段价格以增长为主，基于价格本身的变差会呈现出众多正值序列。因此，将长期价格增长的序列与围绕趋势值变动暂时序列区分开就变得非常重要。为了这个目的，检验应基于循环变差进行，因为循环变差把数据中的滤波趋势去掉了。

瓦尔德·沃尔夫维兹（Wald–Wolfwitz）检验主要针对连续的变差正负号，更确切地说，是针对游程（Run）。游程是指具有相同符号（正负号）数值的一个连续的序列。例如，序列 [++---+] 以两个正号开始，接着三个负号，以正号结束。在这个包含 6 个观察值的样本中有三个游程。由于借助于所采用的计算过程，符合 HP 滤波的离差均值为 0，这套系列的正负游程序列集合应是随机的。在给定的样本中，游程数量过多表示符号总是变换，这表示有非随机特征；游程数量很少则表示同一符号周期长，也同样表示具有非随机特征。

可一起用来对游程模式进行考察的描述型统计是逗留期分布，它在评价价格平稳计划中很有用。从样本期的始点开始，把相继的离差值连续累加生成一个新的序列。由于离均值为 0，累积离差序列的最后一个值也应在 0 附近。然而，累积序列中有些时段会保持正值（而后才转为负值），而另一些时段保持为负值。保持相同符号的时段就是一个逗留期。根据费勒（Feller, 1950）的分析及马芮威耶克和德弗里斯（Marrewijk and de Vries, 1990）的运用，逗留期的长度分布和反正弦定理有关。反正弦定理指出，建立在随机的、等概率事件基础上的累计系列的回归原值是极为罕见的。这意味着逗留期可能是这样的长度，它对正在筹划价格平稳计划的政策制定者有一定的启示作用。

2.2 油价的统计分析

本书中的统计检验是分若干时间序列、各时间回归和时间段实施的。所有的测试数据都持续到 2007 年 3 月。GARCH 分析则是重复使用到 2007 年 11 月 14 日为止的数据，而用来比较结果的均值相等检测等式持续到 2007 年 12 月。另外，样本外测试采用 2007 年 4 月到 11 月的数据。2007 年 3 月之前的外推使得模型预测值与实际价格的对比以及对统计模型预测能力的评估成为可能。

所有的统计分析均通过计量经济学软件包完成。第 3 章对美国海湾沿岸的原油和成品油价格进行了详细研究。可得的价格信息包括自 1986 年至今的每日、周、月和年度数据（年度数据是成品油的）。本文不检验年度价格，因为年度价格的观察值太少，不能用作正规的统计分析。第 4 章考察了以美元和五个发展中国家的本地货币计价的西北欧、波斯湾、新加坡、美国海湾沿岸和非洲（仅限原油）的月油价。

3 美国海湾沿岸价格统计分析

本章对整个时期以及三个子时期进行了统计检测,这三个时期分别是:(1) 1986年1月到1999年年底;(2) 2000年年初到2003年年底;(3) 2004年年初到2007年3月。在第一个时间段里发生了第一次海湾战争,包括了除战争之外的一段相对稳定的价格特征。第二个时间段则反映了油价相对没么稳定但也没有明显增长趋势的转型期。第三个阶段是最近的情况,2006年7月价格在波动中上升,而在接下来的几个月下降,直到2007年1月又开始上升。这三个时间段与 Lee 和 Zyren (2007) 的区分不同,他们把1990年到2005年的油价分为四个子时期,最后一期从1999年3月开始,此时石油输出国组织 (Organization of the Petroleum Exporting Countries, OPEC) 改变了定价策略。初始统计测试研究了美国海湾沿岸的原油和成品油价格是否平稳(从而进行平均回归)。原油价格系列的检测与成品油相似。本章接下来进行了 GARCH 分析、趋向检验,其他统计检验则是测试波动性,见第2章。

3.1 原油价格是平稳的吗

在5%的置信水平下对名义和实际原油价格做单边 ADF 检验,WTI 原油的检验结果如表3-1所示。零假设是价格序列有单位根,也就是不稳定的。如果 ADF 检验统计数值比临界值大,那么零假设成立,价格不平稳——均值、方差或两者均随时间无限增长。

表3-1 WTI原油的ADF检验结果

平均期间	1986年1月—2007年3月	1986年1月—1999年12月	2000年1月—2003年12月	2004年1月—2007年3月
每日(名义)	不平稳	平稳	不平稳	不平稳
每日(实际)	不平稳	平稳	不平稳	不平稳
每周(名义)	不平稳	不平稳	不平稳	不平稳
每周(实际)	不平稳	平稳	不平稳	不平稳
每月(名义)	不平稳	平稳	不平稳	不平稳
每月(实际)	不平稳	平稳	不平稳	不平稳

除了第一个子时期，其他所有的时间段里，名义价格均存在单位根。实际价格和名义价格的检测结果是相似的。在第一个子时期，除了每周的名义价格之外，其他价格是平稳的。其他时间间隔的价格并没有展示出来，因为原油测试结果显示，时间的累积不会对石油市场单位根的存在与否产生较大影响。

3.2 成品油价格是平稳的吗

同样对成品油价格的每日、每周、月度实际价格和名义价格进行 ADF 检验。每月价格的检验结果如表 3-2 所示，每月、每周和每日的价格检验结果参考附录 3。成品油价格与原油的检验结果十分相似。名义价格与实际价格所得的结果几乎没有区别。唯一的例外在第一个子时期，实际或真实成品油价格大多是不平稳的。时间平均对汽油的检验结果产生了影响。每周的汽油价格在所有时间段内都是平稳的，但每日和每月的汽油价格却不平稳。在第一个子时期内，取暖油和航空煤油的每周和每月均价是平稳的；在整个时期内，除名义残余渣油价格外，柴油、残余渣油和丙烷（液化石油气的重要组成部分）的统计值与非平稳价格系列一致。

表 3-2 每月美国海湾成品油的 ADF 检验结果

成品油	最初—2007 年 3 月	最初—1999 年 12 月	2000 年 1 月—2003 年 12 月	2004 年 1 月—2007 年 3 月
汽油（名义）	不平稳	不平稳	不平稳	不平稳
柴油（名义）	不平稳	不平稳	不平稳	不平稳
取暖油（名义）	不平稳	平稳	不平稳	不平稳
航空煤油（名义）	不平稳	平稳	不平稳	不平稳
残余渣油（名义）	不平稳	不平稳	不平稳	不平稳
丙烷（名义）	不平稳	不平稳	不平稳	不平稳
汽油（实际）	不平稳	不平稳	不平稳	不平稳
柴油（实际）	不平稳	不平稳	不平稳	不平稳
取暖油（实际）	不平稳	平稳	不平稳	不平稳
航空煤油（实际）	不平稳	平稳	不平稳	不平稳
残余渣油（实际）	不平稳	不平稳	不平稳	不平稳
丙烷（实际）	不平稳	不平稳	不平稳	不平稳

3.3 过滤序列的构建

原油价格数据表明了在期末存在一个明显的趋势。不必任意创建子时期，因为这仍然无法实现每个时间段无趋势的数据，而是采用 HP 滤波来产生一个平滑展开的趋势。这样的趋势可能与某个机构做出的价格趋势预测相符（见 Ash 等，2002）。图 3-1 显示了每周名义价格的过滤数据，从图中可见，每日和每周的价格总体走势是相似的。过滤方法要求第一次海湾战争也被计算在内。统计结果显示，价格水平在 20 世纪 80 年代末期到 90 年代是比较稳定的，2002 年起价格稳定增长。

图 3-2 显示了实际价格下的相同结果。价格的下降趋势持续到 20 世纪 90 年代末，紧接着有一个大幅上升。名义与实际价格的上升趋势大致相同。

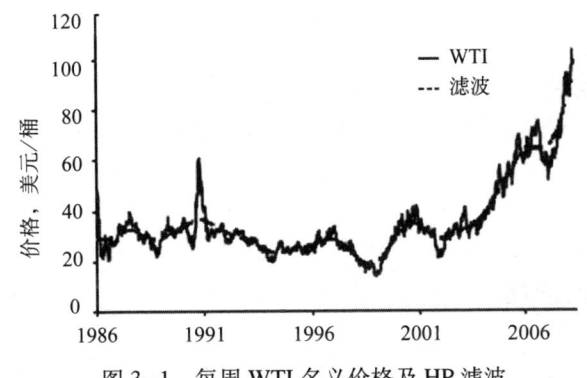

图 3-1 每周 WTI 名义价格及 HP 滤波

资料来源：WTI 原油价格来自美国能源信息署 2008a，并经作者计算得出

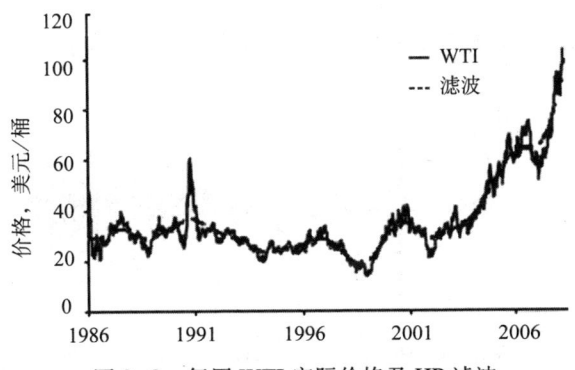

图 3-2 每周 WTI 实际价格及 HP 滤波

资料来源：WTI 原油价格来自美国能源信息署 2008a，并经作者计算得出

图 3-3 显示了实际汽油价格的过滤系列。其他燃料油的价格趋势与原油和汽油相似。

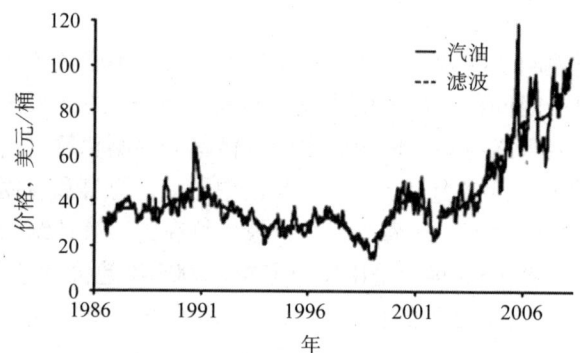

图 3-3　每周美国海湾汽油实际价格及 HP 滤波

资料来源：常规汽油价格来自美国能源信息署 2008a，并经作者计算得出

实际价格和滤波系列的检验结果表明，不同系列之间有着紧密的联系，存在相似的趋势特征。成品油价格有而原油价格没有的一个特征是，成品油在 2005 年 9 月价格忽然急剧上涨。在 9 月这周，汽油价格达到 110 美元 / 桶，而原油则到达了那一年的最高值 68 美元 / 桶。

3.4　变差的波动性

变差数据，是形成价格系列波动度量的基础，有两种计算方法。
(1) 基本变差是价格的一阶差分（第 $n+1$ 期的价格 − 第 n 期的价格）；
(2) 循环变差是循环的一阶差分（实际序列 − 过滤序列）。
每周的实际 WTI 原油和汽油价格变差分别见图 3-4 和图 3-5。大部分变差

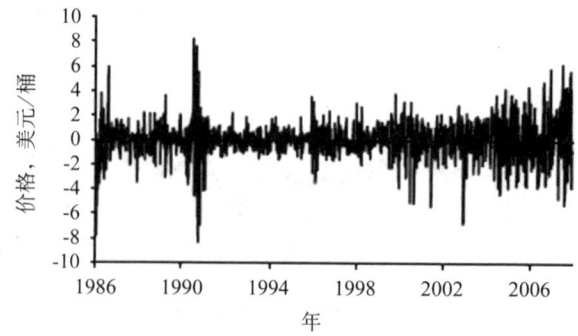

图 3-4　每周 WTI 原油实际价格返回值

资料来源：WTI 原油价格来自美国能源信息署 2008a，并经作者计算得出

和循环变差是很接近的：只有四个数据点存在超过 0.4 美元/桶的差异。所有变差图表明，可以观察到少数的周变差极大的情况。所有成品油和原油，变差超过了 20%，而汽油、残余渣油和丙烷的每周变动则超过了 30%。

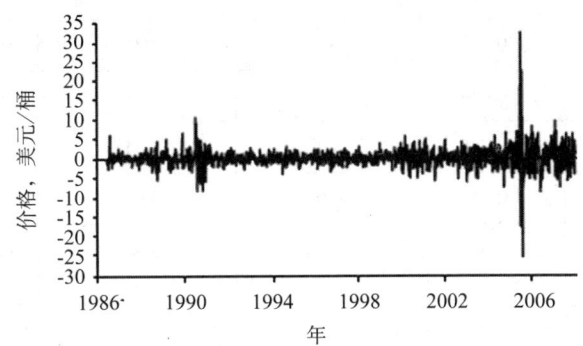

图 3-5 美国海湾沿岸每周实际汽油价格返回值

资料来源：常规汽油价格来自美国能源信息署 2008a，并经作者计算得出

变差序列的标准方差可用来衡量周期内的平均波动。表 3-3 显示了整个周期和三个子时期的名义原油与成品油返回值系列的标准方差（价格进行对数化处理）。如果标准方差较小，当价格做对数化处理时，将其乘以 100 给出每期的百分比变化。返回值基于实际价格的标准方差与名义返回值的标准方差几乎相等，因此没有给图。另外还计算了 2004 年 1 月到 2007 年 12 月的标准方差（见表 3-3 最后一栏的括号内），用来检查波动是否因为 2007 年下半年的价格上涨而有所增强。当将油价扩展到 2007 年年底时，这个标准差有轻微的下降。

表 3-3 WTI 原油和美国海湾沿岸名义油价（对数处理）返回值的标准方差

平均期	燃料类型	最初—2007 年 3 月	最初—1999 年 12 月	2000 年 1 月—2003 年 12 月	2004 年 1 月—2007 年 3 月
每日	WTI 原油	0.025	0.026	0.027	0.021 (0.021)
	汽油	0.029	0.025	0.034	0.035 (0.033)
	航空煤油	0.027	0.025	0.028	0.03 (0.028)
	取暖油	0.026	0.025	0.029	0.027 (0.026)
	柴油	0.027	0.023	0.028	0.031 (0.029)
	残余渣油	0.018	0.014	0.021	0.02 (0.019)
	丙烷	0.025	0.02	0.032	0.024 (0.022)
每周	WTI 原油	0.043	0.044	0.046	0.036 (0.035)

续表

平均期	燃料类型	最初—2007年3月	最初—1999年12月	2000年1月—2003年12月	2004年1月—2007年3月	
每周	汽油	0.052	0.046	0.059	0.066	(0.063)
	航空煤油	0.047	0.043	0.05	0.052	(0.049)
	取暖油	0.044	0.042	0.05	0.045	(0.043)
	柴油	0.046	0.04	0.048	0.05	(0.047)
	残余渣油	0.043	0.038	0.051	0.043	(0.041)
	丙烷	0.048	0.037	0.064	0.047	(0.043)
每月	WTI原油	0.084	0.087	0.082	0.074	(0.071)
	汽油	0.106	0.095	0.124	0.125	(0.117)
	航空煤油	0.091	0.089	0.089	0.099	(0.091)
	取暖油	0.085	0.083	0.09	0.086	(0.080)
	柴油	0.086	0.078	0.089	0.094	(0.087)
	残余渣油	0.094	0.093	0.098	0.093	(0.090)
	丙烷	0.09	0.074	0.119	0.087	−0.079

大部分成品油的平均波动在4%～5%，汽油显示的波动最大，而原油最小。第一个子时期的波动最低，在第二子时期所有的产品全线上涨。最近的一段时间部分产品和原油表现出的波动比第二或第一子时期低；当数据延伸到2007年年末时，这种效果更为显著。汽油价格是波动最大的，每日、每周和每月的价格波动分别为3.5%、6.6%和12.5%。

由于分析油价波动考虑的一个重要因素是随时间的稳定程度，对各子时期的恒定方差进行F检验，结果见表3-4。每日和每周的检验数据表明，各类产品的返回值在第二子时期比第一子时期更多变。然而，原油第一和第二子时期波动性的差异并不显著。所有产品在第三子时期的日价格方差比第一子时期要大，但是当检验每周价格时，没有观察到取暖油和残余渣油的这种趋势。第三子时期每月产品价格与第二、第一子时期对比发现，最近的返回值没有前两个时段多变；汽油和丙烷的返回值在第二子时期比第一子时期的变化更大。将数据延伸到2007年年底发现统计显著性及结论不变。

表3-4 WTI原油和美国海湾沿岸成品油名义价格的返回值方差等式检验

平均期	燃料类型	子时期 1/2	子时期 2/3	子时期 1/3
每日	WTI原油	0.92	1.63（1.72）	1.50（1.59）
	汽油	0.56	0.95（1.03）	0.54（0.58）
	航空煤油	0.77	0.91（1.03）	0.70（0.80）
	取暖油	0.75	1.14（1.26）	0.86（0.95）
	柴油	0.67	0.81（0.90）	0.54（0.60）
	残余渣油	0.45	1.10（1.19）	0.50（0.54）
	丙烷	0.4	1.77（2.02）	0.70（0.80）
每周	WTI原油	0.92	1.69（1.76）	1.55（1.61）
	汽油	0.59	0.81（0.90）	0.48（0.53）
	航空煤油	0.74	0.92（1.07）	0.68（0.79）
	取暖油	0.71	1.21（1.38）	0.86（0.98）
	柴油	0.67	0.92（1.05）	0.61（0.70）
	残余渣油	0.54	1.43（1.57）	0.78（0.85）
	丙烷	0.33	1.87（2.18）	0.62（0.72）
每月	WTI原油	1.13	1.23（1.31）	1.40（1.49）
	汽油	0.59	1.00（1.13）	0.58（0.66）
	航空煤油	1.01	0.81（0.95）	0.82（0.96）
	取暖油	0.86	1.10（1.25）	0.94（1.07）
	柴油	0.77	0.91（1.06）	0.70（0.81）
	残余渣油	0.9	1.12（1.21）	1.01（1.08）
	丙烷	0.38	1.84（2.24）	0.71（0.86）

资料来源：价格来自美国能源信息署和作者计算。

注：子时期1是从价格数据系列开始到1999年年底，子时期2是2000年年初到2003年年底，子时期3是2004年年初到2007年3月。子时期1/2是子时期1与子时期2的返回值方差比率，以此类推。不同单位的比率使用2.5%的双边检验，以粗体标明。括号内是2004年1月到2007年12月的结果。

每日和每周价格的方差平等检验显示，2000年后所有产品的波动比2000年前要大，但是在2004年年初波动稍微有所降低，没有恢复到2000年前的水平。原油则是例外，其价格波动在2000年前比后几年都高。返回值方差的这种变化显示出返回值的模式并不简单地只与结构变化有关，而是隐藏在方差比率的应用，则更为系统。一些石油价格返回值的研究，包括维克汉姆（Wickham，1996）和库培尔（Kuper，2002），发现了波动聚集的证据。大返回值（无论是正是负）倾向于跟着一个大的返回值，而小值则倾向于跟着小值。

前述表明返回值方差的振动并不会迅速消失。采用 GARCH 公式来检测返回值的方差是否平稳，价格水平是否最终恢复到一个平均值，如果是，在何时恢复到平均值。GARCH 公式检验了返回值系列（对数处理后）的均值等式规格（Equation Specification）以及返回值的条件方差等式。第一个均值等式，称为条件均值等式，把返回值与一个常数和一些滞后值联系起来，而条件方差等式采用 GARCH（1，1）或 GARCH（1，0）公式。根据 GRACH 检验结果，价格波动被分为如下几类：

（1）A 类：条件方差，也就是价格波动不平稳，但是随着时间推移无限增长。

（2）B 类：条件方差平稳，可以计算出均值恢复的半衰期。

（3）C 类：无法找到统计显著的等式，意味着条件方差可能是恒定的。

（4）D 类：可以找到统计显著的等式，但是无法满足一个或多个标准。条件方差等式中一个或者多个系数的符号错误，或者在条件均值等式中存在系列关联，比较常见的原因是存在缺省值。在这种情况下，条件方差不会是恒定的，但也不可能确定方差如何随着时间而变化。

以上几类的分析结果带有政策暗示。如果发现油价无限波动，尝试稳定油价可能不会成功。即使平坦油价波动，也需谨慎。如果油价波动是平稳的，但是有一个较长的半衰期，那么稳定或者平摊油价的成本会较高，需要寻找其他转移价格波动的替代方法。

对每日、每周和每月的价格构建 GARCH 模型，分析历史油价波动是否显示出平稳性，如果是，需多长时间可恢复到历史均值。结果显示 GARCH 模型总的来说解释能力较弱。很多数据系列都"表现不好"，因为逐个消除无关系数有时会导致剩下系数的统计显著性在不同等式中变化范围过大。该问题在样本容量较小（例如，一个子时期的数据或者每月的数据）时会扩大。方差中系统可预测的部分（从条件方差公式中计算出）与历史方差的相关性较弱，而且在每个案例中的每个点上对整体价格波动的贡献很小。

每日价格的检验结果见表 3-5。在整个周期内，方差方程含有正系数时间趋势项，这意味着，条件方差方程里，常数项（截距）将随着时间增长。所有案例中，条件方差是平稳的，其半衰期是 101 天或者更短，唯一例外的是最后一个子时期的 WTI 原油价格，其趋于无限增长。附录 3 提供了更加详细的结果，并包括一些案例，在这些案例中 GARCH（1.0）和 GARCH（1.1）给出了看似有效的结论，但是 GARCH（1.0）得出了非常短的半衰期。

估计结果表明，从整个周期来看，对变差方差的冲击振荡的持续性是很强的。这种现象在原油和汽油价格方面表现很明显，但在个子时期上则没有那么明显，尤其是在第二子时期，原油、汽油、残余渣油和丙烷的方差冲击振荡持续性较低，表明每日价格的波动几乎没有聚集。在一些实例中，ARCH 和 GARCH 项的总和接近单位值，即使这一总和在子时期之间发生很小的变动，冲击振荡半衰期的估计值也会发生很大改变。正如附录 3 所示，即使数据延伸到 2007 年 11 月 14 日的价格，这些结果与前面所得的结果也基本相同。

附录 3 中还显示了样本外的检验，该检验采用了从表 3.5 中 WTI 原油价格数据得出的公式。模型预测的结果与 2007 年 4 月初到 11 月 14 日的实际价格进行比较。模型预测显示，条件方差在这一时期内几乎翻倍，但该结果的统计分析却显示，变差的预测值和实际值之间最大的差异是由预测值的方差和实际价格变差序列之间的差异造成的。

表 3-5 每日名义价格变差（对数处理）的 GARCH 分析

参数	WTI 原油	汽油	柴油	取暖油	航空煤油	残余渣油	丙烷
最初—2007 年 3 月	B	B	B	B	D	B[a]	B
半衰期，天	87	101	18	21	—	2	63
最初—1999 年 12 月	D	B	B	B	D	B[a]	D
半衰期，天	—	44	25	24	—	0.9	—
2000 年 1 月—2003 年 12 月	B	B[a]	B	B	B	B[a]	B
半衰期，天	3	2	12	11	19	3	7
2004 年 1 月—2007 年 3 月	A	B	B	B	B	B[a]	B
半衰期，天	—	15	10	12	16	2	5

注：结果分为四类，见第 3 章 3.4 下的内容。
a. 采用 GRACH（1,0）公式得到较短半衰期等相关结果见附录 3。

每周价格的检验见表 3-6，基于每日价格的结果显示其相关关系并不强，而且存在很多等式能够在日价格上统计显著，也满足其他标准，也就是属于 A 类或 B 类，但是却无法在周平均价格上成立。

表 3-6 每周名义价格返回值（对数处理）的 GARCH 分析

参数	WTI 原油	汽油	柴油	取暖油	航空煤油	残余渣油	丙烷
最初—2007 年 3 月	B	B	B	B	B	B[a]	A[a]
半衰期，周	12	10	3	6	8	6	—

续表

参数	WTI原油	汽油	柴油	取暖油	航空煤油	残余渣油	丙烷
最初—1999年12月	B	B	C	B	B	B	B[a]
半衰期，周	13	13	—	7	9	0.6	1
2000年1月—2003年12月	D	C	B	B	B	B	B[a]
半衰期，周	—	—	0.4	0.3	0.4	7	1
2004年1月—2007年3月	C	B	D	C	B	A[a]	B[a]
半衰期，周	—	1	—	—	5	—	4

注：结果分为四类，见第3章3.4下的内容。
a. 本表另采用GRACH（1，0）公式的结果显示半衰期是有限的（对A类来说）或者较短的（对B类来说），见附录3。

这种差异在最后一个子时期尤其显著，在这一子时期，就WTI原油、柴油和取暖油的周价格都没得到令人满意的方程，但根据日价格却能得出满意的方程。更多详细的结果（附录3）显示，有些案例中，GARCH（1，0）和GARCH（1.1）给出了看似有效的结果，但从GARCH（1，0）公式得出结果是：条件方差平稳；而GARCH（1.1）公式得出结果是：条件方差无限增长。

进一步的扩展分析是针对每月的价格，这部分是为了与世界不同地区每月原油和成品油价格进行分析比较，见第四章。表3-7给出了全部六个时期的结果，还有另外两个时期也包括在内。

（1）从1995年6月到2007年3月，这一子时期内所有燃料的数据都有。选择这一子时期是为了查看整个时期各种燃料价格的差异中，有多少是由于数据的时期长短不同造成的。

（2）1999年4月到2007年3月，这是根据Lee和Zyren（2007）的研究选定的，他们在检验周价格时发现，对1999年3月之后的月数据中，条件方差方程中设一个虚拟变量在统计上显著。作者把这个结果归因于OPEC在1999年3月发布的新定价政策。将OPEC闲置生产力作为一个变量引入到方程中并没有产生统计显著的结果。

大部分月价格序列属于D类：没有得出统计显著和有效的方程。这可能意味着，价格平均过程把很多系统性动态变化消除了。如果这样，那将很难确认：可变价格究竟怎样变化以及是否存在聚集现象；进而使政府在优化政策响应方面更加困难。对于日价格，就整个2007年10月的数据反复进行GARCH分析，所得到的结果基本相同（附录3）。

游程检验结果简要总结于表3-8中，其他结果见附录3。为了与循环变差比较，游程检验没有采取对数处理。本文选取了 1995 年 9 月到 2007 年 3 月期间的价格数据，因为从 1995 年开始，就能够获得所有燃料的连续价格信息。表 3-8 给出了累计离差为负的月份数的百分比以及累计离差的最大逗留期（以月为单位表示）。

表 3-7 每月名义价格返回值（对数处理）的 GARCH 分析

参数	WTI 原油	汽油	柴油	取暖油	航空煤油	残余渣油	丙烷
最初—2007 年 3 月	A	D	D	B	B	D	D
半衰期，月	—	—	—	0.4	4.8	—	—
1995 年 6 月—2007 年 3 月	D	D	D	D	B	D	D
半衰期，月	—	—	—	—	0.6	—	—
最初—1999 年 12 月	A	D	D	B	B	D	B
半衰期，月	—	—	—	0.8	3.7	—	0.9
2000 年 1 月—2003 年 12 月	D	D	D	D	D	D	A
半衰期，月	—	—	—	—	—	—	—
2004 年 1 月—2007 年 3 月	D	D	D	D	B	D	D
半衰期，月	—	—	—	—	0.6	—	—
1999 年 4 月—2007 年 3 月	A	C	B	B	D	B	D
半衰期，月	—	—	3.1	4.9	—	4.4	—

注：结果分为四类，见第 3 章 3.4 下的内容。

表 3-8 名义价格累计离差的游程（1995 年 9 月—2007 年 3 月）

平均期	参数	WTI 原油	汽油	航空煤油	取暖油	柴油	残余渣油	丙烷
每日	负百分比 [a]	66	70	52	58	65	53	55
	最大逗留期 [b]	5.3	6.5	4.6	8.0	6.5	4.7	5.6
每周	负百分比 [a]	58	63	45	46	51	51	56
	最大逗留期 [b]	24	23	28	27	26	21	25
每月	负百分比 [a]	34	36	32	32	39	39	42
	最大逗留期 [b]	40	39	40	40	38	32	27

a. 累计变差为负的月份的百分比。
b. 最大逗留期（月）。

累计离差表示的是基于长期价格趋势来平滑石油价格而产生的石油账户余额。当实际价格低于趋势价格时，石油账户将获得趋势价格和实际价格之间的差额收入；反之，当实际价格较高时，则会支付差价。在任何时间，只要累计离差为负，石油账户余额就是正值；当累计离差为正时，石油账户余额是负值。这种账户余额取决于石油账户投入使用的时间（即离差累计的开始时间）。结果表明，随着求价格平均值所采用的时间长度的增加，累计离差取越来越大的正值；当使用日价格时，所有燃料价格的累计离差在一般以上时间内是负值，但当考虑用月均价格时，取负值的时间不足小半。于是，一个基于长期月价格趋势的价格平稳计划（也就是价格的调整和转移是每月进行的，石油账户余额的转入转出是基于月份进行的）将会有一半以上的时间产生负值。某种燃料的最大逗留期也随着求价格平均值所采用的时间长度的增加而增加。月均价的最大逗留期几乎都对应于正的累计离差，这种情况相当于数月的时间里，平滑油价方案带来的假想的石油账户余额都是负值，并会与之保持一致。更多关于价格平稳计划的信息请见第 7 章。

4 发展中国家的价格分析应用

将第 3 章美国海湾价格的检验方法用于检验智利、加纳、印度、菲律宾和泰国的每月价格,以寻找外汇和石油价格波动结合起来产生的影响。为了上述目的,文中考察了国际原油和成品油价格(以美元和当地货币单元计),包括美国海湾沿岸(智利)、西北欧(加纳)、波斯湾(印度)和新加坡(菲律宾和泰国)。在原油方面,加纳采用尼日利亚伯尼轻质原油,菲律宾和泰国采用印度尼西亚米纳斯原油,印度则采用迪拜法塔赫原油。其他关于价格的信息参见附录 4。

除了美国海湾沿岸的数据,其他从 1987 年 1 月开始的所有燃料的价格信息均可获得。美国海湾沿岸可以得到 1986 年 1 月的数据,但从 1986 年到 1995 年 5 月的成品油价格仅出现过一次。文中分三个时间段来分析五个发展中国家的价格:整个周期是从 1986 年 1 月到 2007 年 3 月,第一个子时期是从 1986 年 1 月到 1999 年 6 月,第二个子时期是从 1999 年 7 月到 2007 年 3 月。选择 1999 年 6 月作为分界点是因为当地货币计的价格从 1999 年中期开始总体上升。本章仅分析第二个子时期的累计离差的游程检验结果,其他结果可参见附录 4。

为了分析价格水平和价格波动差异(附录 4 中前 3 个表),三个子时期——从开始到 1999 年 6 月,从 1999 年 7 月到 2003 年 12 月,从 2004 年 1 月到 2008 年 1 月——以及整个周期(从开始到 2008 年 1 月)都进行了检验。在分析加纳的实际价格案例中,价格序列到 2007 年 11 月为止,因为 11 月份后的消费者价格指数数据在本报告完成的时间内无法取得。

本章描述了以美元计价和当地货币计价的价格水平和价格波动的差异,以当地货币计的名义价格的 ADF 检验、GARCH 检验结果以及第二个子时期累计离差的计算结果。其他结果见附录 4。正如第 3 章所讨论的,累计离差的一种解释就是,在用 HP 滤波建立的长期价格趋势的基础上,将其当成一个平滑油价的基金(在这里指的是石油账户),当累计离差是正值时,石油账户余额是负值。在本章,每个案例中的最大逗留期(累计离差连续保持同一符号的总月份数)都对应于累计离差为正的月数。因此,最大逗留期在这里可以表示有多少个月石油账户余额保持负值,亦表示给管理该账户的政府造成的财政负担。注意,账户余额是当基金开始运行时的时间函数。第二个子时期的累计离差计算就相当于 1999 年 7 月建立了石油账户。

4.1 智利

对三个子时期的美元和智利比索的价格上涨进行对比,见表4-1。除了从第二个子时期向第三个子时期过渡期间之外,不论是名义价格还是实际价格,其平均当地货币价格的增长(每个子时期的平均值)比相应的美元价格增长要大。在实际价格条件下,不管燃料价格是以美元还是以智利比索计价,WTI原油、柴油、航空煤油和残余燃料油的价格从第一个子时期到第三个子时期的增长是相同的。更多信息见附录4。

表4-1 以美元和以智利比索计价的油价增长百分比的差异

价格	子时期对比	原油	汽油	柴油	航空煤油	瓦斯油	残余渣油
名义	2比1	118	84	67	114	116	134
	3比2	−28	−28	−31	−30	−30	−28
	3比1	179	118	90	188	186	185
实际	2比1	18	28	48	17	17	20
	3比2	−24	−23	−26	−25	−25	−23
	3比1	3	19	53	2	2	1

资料来源:美国能源信息署2008a和作者计算。

注:子时期1从附表4-1给出的月份开始到1999年6月;子时期2是1999年7月到2003年12月;子时期3是2004年1月到2008年1月。以美元计算子时期1到子时期2均价的增长(子时期2比子时期1增长的百分比)在以智利比索计价的同期增长值中已被减掉。

通过比较以美元和智利比索计价的名义和实际变差(对数)的标准差,发现对汽油、柴油和航空煤油来说,在第一子时期中名义智利比索价格的波动较低,而所有燃料的真实价格波动较低。其他燃料和时段的比智利比索计价的波动性要大或者相等。第二子时期的汇率波动是最大的,所以本地货币计的价格波动也变得更大。在第三个子时期,智利比索对美元升值,但价格波动没有降低反而扩大了本地货币的波动。

ADF检验显示出以美元和当地货币计价有些区别。整个周期的结果相同:除了残余渣油(名义和实际价格)外,所有燃料的价格都是不平稳的。在第一子时期,除汽油之外的所有燃料的名义和实际美元价格都是非平稳的。当价格换算成智利比索时,汽油和航空煤油的名义价格是不平稳的,并且汽油的实际价格也不平稳,其他油类价格则是平稳的;在第二子时期,所有的美元价格都不平稳,但当地货币汽油的实际和名义价格是平稳的。

当地名义价格的 GARCH 检验结果见表 4-2。WTI 原油、航空煤油和残余渣油的条件方差在整个周期及第一子时期都是平稳的。汽油和瓦斯油的条件方差在第一子时期仍不平稳；第二子时期只有残余渣油的条件方差是平稳的，在其他的燃料中则没有发现有意义的公式。

表 4-2 智利比索每月名义价格变差对数的 GARCH 分析

参数	原油	汽油	柴油	航空煤油	瓦斯油	残余渣油
开始—2007 年 3 月	B	D	D	B	A[a]	B
半衰期，月	0.6	—	—	0.4	—	0.6
开始—1999 年 6 月	B	A[a]	C	B	A[a]	B
半衰期，月	1	—	—	0.5	—	0.5
1999 年 7 月—2007 年 3 月	D	D	D	D	D	B
半衰期，月	—	—	—	—	—	0.8

注：结果分为四类，见第 3 章 3.4 下的定义。
a. 不符合 GARCH 项（发现有有限半衰期）的结果见附录 4。

对累计离差的检验见表 4-3。当地价格的累计离差为负值的月份数所占百分比较低，这表明汇率的影响是波动的。这一发现意味着，石油账户余额保持负值的时间比以美元计价情况下的时间可能会更长。对残余渣油来说，石油账户余额的最大连续负值逗留期是 5.5 年。

表 4-3 1999 年 7 月—2007 年 3 月智利每月名义价格的累计离差

货币	参数	原油	汽油	航空煤油	取暖油	柴油	残余渣油
美元	负数百分比[a]	28	26	30	31	32	22
	最大逗留期[b]	49	50	47	46	48	59
	平均值[c]	32	34	33	32	29	26
智利货币	负数百分比[a]	5	6	24	23	26	4
	最大逗留期[b]	56	62	50	50	50	66
	平均值[c]	24875	27558	26953	26016	21098	20107

a. 累计变差为负的月份的百分比。
b. 最长停滞期（月）。
c. 一段时期的平均累计离差。

4.2 加纳

对以加纳塞地计价和以美元计价的价格上涨情况进行了对比。如表 4-4 所示,所有时段对比结果都是当地货币名义价格上涨较高。然而,从其实际价格看,当地货币价格第三子时期相对于第二子时期的上涨却低于以美元计价的价格上涨,并且,这两国之间价格的差异幅度是所考察的五个国家中最大的。

表 4-4　美元和加纳赛地价格增加百分比间的差异

价格	时段比较	原油	汽油	航空煤油	瓦斯油	残余渣油
名义	2 比 1	974	957	938	934	1005
	3 比 2	75	72	75	75	65
	3 比 1	3044	2846	2941	2937	2727
实际	2 比 1	94	92	90	90	99
	3 比 2	−44	−41	−44	−44	−37
	3 比 1	93	89	91	91	84

资料来源:能源报告 2008 和作者计算。
注:定义和计算的过程见表 4-1 注。实际价格直到 2007 年 11 月。

美元和加纳塞地的实际价格和名义价格变差对数的标准差比较显示,以当地价格计价的所有时期的实际价格和名义价格的波动性较高,汇率的波动放大了当地价格的波动性。

ADF 检验表明,美国和当地的名义价格和实际价格的整个时期和第二子时期都是不平稳的。对于第一个子时期来说,其他所有价格都是稳定的,仅地方名义价格例外;若考虑到当地通货膨胀的幅度,所有燃料的当地名义价格都是不平稳的。

如表 4-5 所示,在所有时期和第一时段,除汽油外,所有其他的燃料价格变差的 GARCH 分析都得到了有意义的方程。在第二时期,对于任何一种燃料都没有得到令人满意的方程。

表 4-5　加纳赛地每月名义价格对数收益的 GARCH 模型分析

参数	原油	汽油	航空煤油	瓦斯油	残余渣油
开始—2007 年 3 月	B	B	A	D	A[a]

续表

参数	原油	汽油	航空煤油	瓦斯油	残余渣油
半衰期，月	0.6	0.5	—	—	—
开始—1999年6月	B	A[a]	A	D	B
半衰期，月	0.9	—	—	—	0.7
1999年7月—2007年3月	D	D	D	D	D
半衰期，月	—	—	—	—	—

注：结果分为四类，见第3章3.4下的定义。
a. 不符合GARCH项（发现有有限半衰期）的结果见附录4。

在第二子时期，以美元计价的价格累计离差为负的时间少于整个时间的1/3，但是，当以本地货币计价时出现负值的情况要更频繁（表4-6），这与智利的情况正好相反。以当地货币计价时计算的最长逗留期要以比美元计价情况下的逗留期短。所有燃料价格的平均循环变差都是正的，因此，尽管用当地货币处理石油账户要比用美元容易，但这样或面临更大的财政挑战，这种石油账户会在三年或更长时间内持续为负。

表4-6　1999年7月—2007年3月加纳每月名义价格的累计离差

货币	参数	原油	汽油	航空煤油	柴油	残余渣油
美元	负数百分比[a]	28	26	31	31	20
	最大逗留期[b]	52	50	46	46	60
	平均值[c]	34	42	37	30	31
加纳货币	负数百分比[a]	47	42	45	46	35
	最大逗留期[b]	37	35	35	35	47
	平均值[c]	45237	90771	52540	31425	97924

a. 当累计离差是负数时的月份百分比。
b. 最长逗留期（月）。
c. 某时期的平均累计离差。

4.3　印度

对以印度卢比计价和以美元计价的石油价格上升情况进行了比较（表4-7）。

以当地货币计价的名义油价和实际油价,在第三子时期相比于第二子时期的增长要比以美元计价的价格低一些,并且,当价格用实际价格来衡量时两和货币之间价格的差异会更大。

表 4-7 美元和印度卢比计价的价格增加百分比间的差异

价格	比较时段	原油	汽油	航空煤油	瓦斯油	残余渣油
名义	2 比 1	112	99	96	97	127
	3 比 2	−14	−13	−15	−16	−13
	3 比 1	211	174	199	208	211
实际	2 比 1	29	25	24	24	33
	3 比 2	−24	−23	−26	−28	−22
	3 比 1	20	16	19	19	21

资料来源:能源报告 2008,和作者计算。

注:定义和计算的过程见表 4-1 的注释。

美元和以印度卢比计价的实际价格和名义价格的变差对数的标准差的比较显示,这两种货币下的油价波动性实际上没有什么差别。稍微不同的是,当地货币价格波动大一些。

ADF 检验表明,考虑第二子时期在内的整个时期,所有价格都是不平稳的。在第一个子时期,除了当地名义汽油价格外,其他所有价格都是平稳的。

与其他国家的价格一样,在全时期和第一子时期,除了汽油价格外,当地价格的变差 GARCH 分析得出了有意义的方程(表 4-8)。在第二子时期没有得出有意义的方程,唯一例外是残余渣油价格,其条件方差似乎是无限增长的。

表 4-8 印度卢比计价的月名义价格变差对数的 GARCH 模型分析

参数	原油	汽油	航空煤油	瓦斯油	残余渣油
开始—2007 年 3 月	A[a]	B	B	D	B
半衰期,月	—	2	2	—	0.7
开始—1999 年 6 月	A	A	B	A[a]	B
半衰期,月	—	—	1	—	0.7
1999 年 7 月—2007 年 3 月	D	D	D	D	A
半衰期,月					

注:结果分为四类,见第 3 章 3.4 下的定义。

a. 不符合 GARCH 项(发现有有限半衰期)的结果见附录 4。

当地货币计价的累计离差呈现负值的情况要比以美元计价的情况稍少一些（表4-9），最长逗留期在当地货币计价情况下要更长一些，范围从四年差一个月到五年以上。

表4-9　1999年7月—2007年3月印度每月名义价格的累计离差

货币	参数	原油	汽油	航空煤油	柴油	残余渣油
美元	负数百分比[a]	30	34	34	38	18
	最大逗留期[b]	53	49	48	46	61
	平均值[c]	29	22	25	16	36
印度货币	负数百分比[a]	27	30	33	37	15
	最大逗留期[b]	56	53	50	47	63
	平均值[c]	1598	1388	1429	1019	1852

a. 当累计离差是负数时的月份百分比。
b. 最长逗留期（月）。
c. 某时期的平均累计离差。

4.4　菲律宾

以菲律宾比索和以美元计价的石油价格变化结果如表4-10所示。同加纳的情况一样，在整个时期用当地货币计价情况下，名义价格上涨较高。从实际价格看，菲律宾比索价格在第三子时期对第二子时期的增长较少。

表4-10　美元和菲律宾比索价格增加百分比间的差异

价格	比较的时段	原油	汽油	航空煤油	瓦斯油	残余渣油
名义	2比1	128	110	109	110	142
	3比2	7	8	9	8	6
	3比1	300	266	277	278	293
实际	2比1	34	29	29	30	39
	3比2	−13	−12	−13	−13	−11
	3比1	48	42	44	45	47

资料来源：能源报告2008和作者计算。
注：定义和计算的过程见表4-1的注释。

美元和菲律宾比索的实际价格和名义价格变差对数的标准差的比较显示，在所考察的所有时期，当地价格一直比美元价格的波动大。

对整个时期的 ADF 检验表明，所有价格都是不平稳的。在第一子时期，除了名义和实际美元汽油价格、名义和实际当地货币原油价格外，其他所有价格都是平稳的。在第二子时期，与智利的情况一样，除了当地货币名义和实际汽油价格外，所有价格都是不平稳的。

GARCH 分析结果和其他国家所观察到的趋势一样，即在第二子时期没有得出有意义的方程（表 4-11）。在第一子时期，原油、汽油和残余渣油的条件方差是有限值。

表 4-11 菲律宾比索月名义价格变差对数的 GARCH 模型分析

参数	原油	汽油	航空煤油	瓦斯油	残余渣油
最初—2007 年 3 月	D	B	A[a]	A	D
半衰期，月	—	0.7	—	—	—
最初—1999 年 6 月	B	B	A	D	B
半衰期，月	1.5	1.6	—	—	0.6
1999 年 7 月—2007 年 3 月	D	D	D	D	D
半衰期，月	—	—	—	—	—

注：结果分为四类，见第 3 章 3.4 下的定义。
a. 不符合 GARCH 项（发现有有限半衰期）的结果见附录 4。

在所有案例中，累计离差为负的月份百分比为 40% 或稍少些，并且两个货币计价的价格大体相当（表 4-12），最大逗留期也是大体相当的。

表 4-12 1999 年 7 月—2007 年 3 月菲律宾月名义价格的累计离差

货币	参数	原油	汽油	航空煤油	柴油	残余渣油
美元	负数百分比[a]	28	32	34	40	17
	最大逗留期[b]	52	46	47	44	60
	平均值[c]	35	26	27	21	39
菲律宾货币	负数百分比[a]	29	33	33	37	18
	最大逗留期[b]	47	43	43	40	57
	平均值[c]	1323	868	967	731	1625

a. 当累计离差是负数时的月份百分比。
b. 最长逗留期（月）。
c. 某时期的平均累计离差。

4.5 泰国

以泰国泰铢和以美元计价的石油价格变化结果如表4-13所示。和智利与菲律宾的情况一样，当地货币实际价格和名义价格在第三子时期和第二子时期的增长较少。

表4-13 美元和泰国泰铢价格增加百分比间的差异

价格	对比时段	原油	汽油	航空煤油	瓦斯油	残余渣油
名义	2比1	80	69	69	70	88
	3比2	−22	−22	−23	−24	−20
	3比1	125	111	117	117	121
实际	2比1	47	40	40	41	52
	3比2	−20	−19	−21	−21	−17
	3比1	59	52	55	55	58

资料来源：能源报告2008和作者计算。

注：定义和计算的过程见表4-1的注释。

美元和泰国泰铢的实际和名义价格变差的对数的标准差比较显示，除第一子时期残余渣油的名义价格外，在所考察的所有时期，泰铢价格波动和美元类似或者更大。

ADF检验表明，所有的价格（不论实际价格还是名义价格，不论美元价格还是当地货币价格）在全时期和第二子时期都是不平稳的。在第一子时期，除了美元名义汽油价格和以美元及当地货币计价的实际汽油价格外，其余所有的价格都是平稳的。

通过GARCH分析很难找出有意义的方程，但第一子时期的汽油价格和全时期的残余渣油价格例外（表4-14）。对于全时期的数据，汽油和航空煤油价格的条件方差是有限的，而轻油、残余渣油价格的条件方差是无限的。

表4-14 泰国泰铢每月名义价格对数收益的GARCH模型分析

参数	原油	汽油	航空煤油	瓦斯油	残余渣油
最初—2007年3月	D	B	B	A	A
半衰期，月	—	0.5	6	—	—

续表

参数	原油	汽油	航空煤油	瓦斯油	残余渣油
最初—1999 年 6 月	D	B	D	D	B
半衰期，月	—	2	—	—	0.8
1999 年 7 月—2007 年 3 月	D	D	D	D	A
半衰期，月	—	—	—	—	—

注：结果分为四类，见第 3 章 3.4 下的定义。

在第二子时期，当地价格和美元价格的累计离差没有明显的区别（表 4–15）。累计离差为负的时间不到三分之一，而残余渣油价格累计离差为负的时间仅仅为 12%。

表 4–15　1999 年 7 月—2007 年 3 月泰铢月名义价格的累计离差

货币	参数	原油	汽油	航空煤油	柴油	残余渣油
美元	负数百分比[a]	28	26	31	31	20
	最大逗留期[b]	54	49	48	45	63
	平均值[c]	34	42	37	30	31
泰国货币	负数百分比[a]	24	27	27	31	12
	最大逗留期[b]	52	49	49	45	63
	平均值[c]	1715	1366	1505	1247	1874

a. 当累计离差是负数时的月份百分比。
b. 最长逗留期（月）。
c. 某时期的平均累计离差。

4.6　观察结果

随着美元价格变动比较明显，一些国家的名义价格显示出受汇率波动的影响。由于政府干预是针对当地价格变动，因此将当地价格用于评估政策选择更加有效。在智利，当地价格趋于更加稳定，比用美元处理世界油价来实施政府干预要更加容易。对于加纳来说情况则恰好相反，在第一子时期，当地名义价格都是不平稳的，而实际价格都是平稳的，表示当地有较高的通货膨胀。

美元和当地价格变差的方差之间没有明显的区别。总之，尽管在研究中大多数国家的汇率有所增长，从 2004 年起，当地货币的单位价格变差稍微大于美元单位价格的变差。这一发现表明，从应对价格波动的观点出发，这些国家政府面临的问题与用美元来处理问题相比没有太大的差别。尽管当地通货膨胀（相当于美国而言）与汇率随时间变动预期存在相关性，其相关性不一定必然是系统性的，这两个因素可能有着各自不同的影响。如附录4所示，对于所有燃料来说，即使以当地货币计价，第一子时期的价格平均累计离差也为正。这一发现（再结合此处研究的结果）表明，基于长期趋势的价格平稳计划将会导致相当大的财政流失。

5 套期保值

5.1 套期保值的作用

为了应对石油和其他商品价格的变化性和不可预测性,期货市场已变得非常广泛。在期货市场中,可以设立一个合约,在规定的几个月后以某一个约定的价格买入或卖出一定数量的商品。从这个意义上来说,这些合约所起的作用,和1973年至1974年第一次油价剧增以前一些代理商经常使用的长期契约相似。期货价格主要消除了与未知的即期价格有关的风险,但是不能消除后悔的可能性,即对于卖方来说,如果即期期货价格上升则后悔,对于买方来说,价格下降则后悔。

Sasol's套期保值经历

南非的合成燃料生产商 Sasol 从 2004 年起将其一部分产品作为期货投入市场以期能够保护公司抵挡价格下跌的风险,并且能够提供资金支持公司必要的资本支出计划。他最近的一个套期保值计划是,从 2007 年 5 月起,为期一年的日石油交易量为 45000 桶的期货,Sasol 能够以平均 62.40 美元/桶的价格购入石油,作为交换,当布伦特原油价格超过 76.80 美元/桶时他将放弃这一好处。据估计这个套期保值策略起初将会花费 Sasol 30 亿比索(以 2008 年 3 月的汇率计算相当于 3.75 亿美元)。这些钱包括了他对 2008 年下半年(从 3 月到 4 月)的财政套期保值的预期损失值。这些损失值在先前估计为 8.54 亿比索(1.1 亿美元),但一些分析表明当油价超过 100 美元/桶时,第二时段的套期保值损失将会加倍(商业报道 2008)。

例如,2007 年 1 月最后一个交易日,在 2007 年 4 月交货的 WTI 的原油期货价格是 58.85 美元/桶,在 2007 年 7 月交货的期货交货价格是 60.67 美元,在 2008 年 1 月交货的期货交货价格是 62.92 美元/桶。在那一时点(2007 年 1 月),月平均原油现货价格是 54.51 美元/桶。一个想要在 2007 年 7 月购买(或出售)石油的公司或政府机构会考虑,如果等到需要的那一天再购买(或出售),那时的现货价格可能远远高于(或低于)在该月份的期货交货价格。因此,他们会通过买入(或卖出)期货合同将未来的价格锁定在某一特定的价格间来降低风险。到 7 月时,购买者(卖出者)将以期货合约价格买进(卖出)石油。如果 7 月份的实际价格跌破了其期货的交货价格，它就构成了在期货市场购买期货的机会成本。

可以使用期货合约的期权来为避免后悔可能性提供保险。看涨期权赋予持有人权利（而不是义务）来购买一个特定价格（到期或行权价）的期货合约。期权持有人必须支付溢价（期权价格）来购买一个期权。看跌期权赋予所有者的权利（而不是义务）以一个约定价格出售特定期货合约。看跌期权的持有人也必须支付一个溢价来购买看跌期权。期权和原油期货兑换一样可以进行交易，用以对冲实体货物的销售或购买，从而通过先从现货价格上升（对实际卖方）或现货价格下跌（对实际买方）的收益来避免风险。期权不同于期货之处在于，期权含有预付成本（对于期权持有人），这个成本不论期权是否执行都要发生。

实际上，期货市场一般并不用来买入或者卖出石油。相反，期货（纸货）合约与一种实物商品销售相结合，从而提供一种套期保值的方案，以抵御期货市场的价格不确定性。原油和成品油套期保值已经证明是与行之有效的做法。在美国纽约证券交易所和洲际交易所，每天都有石油期货和期权合约交易，其数量达世界使用日消费量的数倍。虽然大幅的成交量是通过但既不生产也不实际消费原油和成品油的买家和卖家交易的，但很多交易还是那些与石油工业直接相关的组织做的。期货市场的最初目的就是允许一个团体将与期货价格变动相关的风险转移到另一个愿意承担风险的团体。实际石油生产者和消费者可能愿意使用这种金融工具，来降低他们面临的油价随时间波动所固有的风险。

由于油价的波动（即使价格已在长达一个月的时间段上加以平均）是非常大的，生产者在评估他们未来收益时面临的风险程度将会很大。6个月期限后的实际购买价格可能非常不同于现在的售价。当一国政府从一个石油生产商那里取得大部分财政预算收益时，或者当石油卖家是政府时（例如，通过国有石油公司），油价波动能够较大程度地影响财政预算和支出计划。在这种环境下，通过套期保值来减少收益波动的风险可能是一项很有吸引力的措施。并且，即使一国政府没有参与直接的石油销售（这是经常的案例），其仍然视其为石油销售收入，就好像由政府直接销售石油的收入。

同样，石油购买者也面临着很大的未来购买成本的不确定性。在一些石油进口国家，政府通过颁布固定的或基于公式的价格并通过财政补偿其与国际油价间的差额，以此来对价格进行补贴。不可预测的油价波动性使得这种政策的成本大不相同并且导致政府预算困难。石油进口公司也面临同样的困难，但是如果他们能自由地将全部的价格增加部分传递给消费者，那他们承担的与油价波动相关的风险就会相对很小。在这种情况下，消费者面临全部的油价风险，但是，除了工业消费者（如发电厂）外，相对于进入期货市场的固定费用来说，这些消费者的消费水平太小，以至于不必要考虑采取套期保值方式来作为降低风险的措施。然而，一个石油进口国的政府给予燃油价格补贴是可以利用期货市场来对冲补贴成本的。

期货市场在降低与油价波动相关的风险方面有吸引力之处取决于以下几个因素：

（1）目前面临的石油市场的风险程度，这种风险主要取决于油价波动，也取决于实际进口或出口原油价格和期货市场上交割的格的相关性。

（2）通过期货交易能够降低的风险程度。

（3）期货交易成本。

（4）与期货交易成本相对应的风险降低的收益。

许多作者都描述过套期保值的机制（Bailey，2005），政府可能在石油市场使用套期保值在许多研究中已论述过，如 Claessens 和 Varangis（1991，1994）、Satyanarayan 和 Somensatto（1997）、Daniel（2001）、阿拉斯加财政部（2002）、Devlin and Titman（2004）、联合国贸易和发展大会（2005）等进行的研究。然而，直到最近，只有少数政府才认识到石油出口或进口的套期保值。一些国家的石油公司可能将套期保值作为他们日常业务的一部分，政府并不直接参与。智利在第一次海湾战争期间，在 1991 年就进行过石油进口套期保值，而厄瓜多尔和墨西哥在不同时期对原油销售进行套期保值。

在过去的几年里，原油和成品油价格的急剧上升以及高变化性导致一些石油消费国家的政府考虑使用套期保值。一份以前的能源部门管理援助计划（ESMAP）报告（Bacon and kojima，2006）指出，巴基斯坦最近可能考虑是否要对石油进口进行套期保值；其他国家也有报告提及套期保值期权已在考虑之中。例如，为应对持续攀高的油价和担忧斯里兰卡燃料价格补贴的膨胀，锡兰（Ceylon）石油集团公司在 2007 年 2 月宣布，他们正在考虑着一项由几家银行给出的套期保值的企划书（Financial Times，2007）并在 2007 年 4 月完成了第一次柴油套期保值交易（Daily Mirror，2007）。

最近石油价格的变化以及石油期货市场的不断变化使得考虑套期保值显得很及时。正如第 3 章所阐述的，油价在过去几年表现出相当大的波动，标准原油期货交易价格与那些原油的实际进口或出口的成品油价格的相关性可能变化。这种可能性已经被 Switzer and El-Khoury（2007）证实。这些变化能够影响由进口和出口引起的风险程度，并且套期保值也使得降低风险变得有可能。就期货市场的变化而言，不仅交易总量增加了，而且与到期日较长的期货价格相关的交易数量也明显增加。这种发展趋势对数月来原油生产商和担心油价波动的消费国家有利，使得风险降低，而先前这种趋势是不可行的，在一定程度上这和财政预测程序有关。

本章开始简单地描述了套期保值策略。开始以一个短期的套期保值分析为例，一个实体约定在未来某一天达成一个实体货品的交易。然后又回顾了长期套期保值，一个实体约定在未来购买某一商品。❶这提供了一种情景来和套期保值策略是可评估的论述相对比。期权的作用也将简单描述；另一方面，许多更加复杂的金融工具如掉期交易，Bailey（2005）有更详细的说明。概述了在当前市场条件下套期保值的吸引力评估和开展这样一个评估政策的各种困难。

为了便于分析论述，大量研究集中在需要销售原油的石油生产商，但是，正如本章从不同方面解释的那样，石油消费者需要购买原油或者成品油的例子正好是对称的：存在这样一种情形，前者通过套期保值策略获得收益，恰好等于后者产生的损失，反之亦然。

5.2 期货合约的套期保值

一个每月都定期出售定量原油的石油生产商正考虑提前6个月销售一批原油。一个可行的策略是现在出售一份套期保值的期货，它包的数量应该与实物商品数量相当，到期日是6个月。在第6个月的最后一天，生产商将会购买一个到期给付交割的期货合约并且出售实际可出售的原油。即期交付合约的购买者可以取消以前出售的合约数量，并且交付时不承担任何义务和承诺，或者在期货市场上可购买任意实物原油。这个策略旨在利用价格的两个特点：

（1）6个月期货合约的价格在购买时已经得知，并且在交易部分提供了确定性。

（2）即期交付的期货价格应该和实际现货市场的交易价格保持同一性，然后在期货合约中限定商品。

第2个特点能够确定的是，例如，如果在6个月内现货市场价格下跌，到期交付的期货价格也将会随之下跌，因此实际石油销售价格通过期货市场上到期给付的价格达到均衡。因此，生产者在6个月期限的开始将得到期货合约的净额并且避免了在销售时价格波动的风险。

这个简单的对策，就是我们称之为完美的套期保值，它能够消除来自原油销售的所有风险但是使得卖方在期货合约中承诺当前的价格。如果现货在6个月内上升，卖家将不能从价格上升中获得好处。如果现货价格下降，同样，卖家也不会因价格下跌而受到不利影响。

---

❶这里"短期"和"长期"并不是指时间的持续，短期的套期保值是指实际物品的出售者，长期的套期保值是指实际物品的购买者。

在未来某一天购买石油的长期套期保值案例是对称的。套期保值者考虑购买一个 6 个月到期的期货合约。就在套期保值的到期日之前，同等金额的实物通过即期交付的期货合约售出。在截止日期，套期保值者在现货市场上购买实物原油等同于以期货卖出合约平仓的价格。全部购买成本是最初的期货采购合同价格，从而消除了交易风险。同样，如果现货价格上涨，套期保值者不会承受这种风险（卖出套期保值抵消了这种效果），但如果现货价格下跌，套期保值者将无法从中获益因为出售的套期保值的价格也将下降。

在实践中一个完美的套期保值策略是很难完成的，并且买入或者卖出的现货市场价格不同于买入或卖出的期货市场的平仓价格。这种差异是基本的差异，但并不是一常不变的，这种差异也是套期保值策略的风险来源。下面将会介绍基础风险存在的原因和为何这两种价格有所不同。

（1）到期给付的期货合约可能与现货商品销售时间不完全一致。纽约商品交易所合同的最后一个交易日是交割月份前一个月的 25 号之前的第三个工作日。因此，要平仓一个在 7 月到期的卖出套期保值，就要买入一个在 6 月行权的 7 月到期的套期保值。虽然随着平仓日期临近期货价格趋向于现货价格，这种限制对于两种价格的区别增加了风险。

（2）实物商品出售的地点可能与期货合约行权地点不同。纽约证券交易所的原油期货合约受到基本的任一实物交割地的限制。因为期货合约将不会在库欣、俄克拉马州平仓。由于交易成本的不同，这个地点的价格不必要和同时在另一地点交易实物商品的价格相同。这是为什么卖家的期货价格和现货价格不同的另一个原因。

（3）期货合约是原油（或成品油）的一种特殊形式。在纽约商品交易所交易的原油主要是美国西得克萨斯轻质原油（WTI），而布伦特原油主要在洲际交易所交易。如果实物销售原油品质不同，便引入了另一个风险——价格会出现分歧。原油由于不同类型而品质不同；不同的原油价格更高，但不完全呈正相关（见 2005 年 Bacon 和 Tordo 的定量相关性）。标准原油期货合约质量差异越大，随着时间改变而变化的期货价格和现货价格会造成更大的利润空间，并且引发另一种风险。此外，原油的品质随着油田的生命周期而变化，这将导致不能完全预见基础风险的变动。

因此，利用套期保值降低了来自于油价本身的风险，但是却引来了另一种基础存在的风险。通常来说，由于这种风险的存在，对所有出售或者购买石油的所谓天衣无缝的套期保值进行行权不是最优的选择。相反，对这种实物商品交易的一小部分应该在期货市场上进行套期保值。

套期保值理论提供了一个模型，确定风险最小化的套期保值比率，实物原油出售的比例应对冲以达到最低整体风险。在本章，收益率在传统意义上意味着在某一给定时间内一个投资或者投资组合的价值的变化。如附录5所述，在套期保值期限内，回归随期货合约价格变化的现货市场价格的历史数据时，风险最小化的套期保值比例通过得到的系数给定。套期保值策略的效率，即与不用套期保值策略相比而减少的风险的百分比，这个由回归的平方相关系数得出。虽然风险最小化的套期保值策略没有考虑投资组合的对冲和未对冲销售的期望收益率，然而期望收益率可以通过研究过去的历史数据来估计，同时，在估计最小风险套期保值比例时相同历史时期内，也可以采用测度投资组合价值的实际变化的方式。这个估计方式能够与相同时期内现货市场价格变化的实际收益（在没有套期保值的情况下所获得的收益）相比较。附录5中提供了更多的细节。

套期保值理论也认为套期保值组合的收益率情况应该被考虑，并且，收益率的最优组合和风险是可以计算的。风险和收益的选择受套期保值者的风险偏好影响，通过风险参数来表达。较高的风险参数值意味着套期保值者会选择以较小的风险能得到较高的收益的策略。另一种极端情况是当风险参数变得非常大，最优的套期保值就是相同的风险最小化的套期保值。最优的套期保值通常产生一个不同的套期保值比例、效益，以及来自风险最小化的套期保值组合的期望收益率。

对于最小风险和最优的套期保值，一个重要的区别就是事前套期保值和事后套期保值。事后套期保值是在事实后假设的，并且要求最优组合基于什么决定。事前套期保值就是在所有有关价格的信息变得可用时如何实施套期保值。在事后套期保值中，风险最小化的套期保值组合和收益能够通过与估计套期保值相同时期内的实际数据计算。

例如，在分析2000年1月至2003年12月这一时段时，风险最小化的套期保值比率和预期收益通过在此期间价格的变化来估计。这些数值（事实上套期保值者不会知道直到期末）产生事后套期保值比率。利用风险最小化套期保值比率和来源于2000年1月之前数据产生的预期收益将会产生事前套期保值策略。如果风险最小化的套期保值比率以及在给定期限内现货和期货价格的变动在很长一段时间仍然相当稳定，事前和事后套期保值比率是类似的。然而，石油市场的变化表明实事可能并非如此，而且不可能获得事后套期保值估计得那样好的结果。特别的是，预期套期保值期间现货和期货价格的变化是困难的。比较合理的假设是：在某一特定日期的石油期货价格是最好的估计，它在那个时候能对现货价格产生作用。

5.3 运行一个套期保值方案的成本

几种成本将在套期保值方案可能产生的收益或者损失中产生。其中一些与方案的规模成正比；其他的一些与方案建立之间的部分有关，这种成本可能阻止政府采用这样的方案。

在纽约证券交易所和洲际交易所，单一的期货合约是1000桶原油。一个生产商希望每天对100000桶原油的一半进行套期保值就因此不得不每月卖出1500的单独合约。虽然收益与生产量成正比，但同时成本也更大，期货合约的操作将需要更大的短期融资需求，解释如下。

5.3.1 交易成本和经纪费用

套期保值交易会收取小额费用，包括交易费、结算费，以及——以美国为例——全国期货协会费。经纪代理人作为代理人在期货市场上购买或出售期货也收取费用。这些费用当和每桶油能达到的风险和收益相比显得微不足道。

5.3.2 保证金要求

为了涵盖违约的风险，在代理人开始一个期货合约时需要存放一定金额的初始保证金。金额由交易所规则所决定，目前是每份合约1000桶3300美元保证金。在每月中期货合约的价格每天都在变化，套期保值者不得不逐渐减少套期保值。特别是，如果买入期权价格下降到低于初始价，套期保值者在期货合约出售时将遭受暂时的损失。这种名义损失记保证金账户的借方，套期保值者继而面临"补足保证金通知"，并且不得不存入足额保证金使得其达到初始水平。或者，如果价格上升，保证金账户随着升值将会有信用额度。这个手续将会每天持续直到合约平仓。在合约整个存续期内，期货合约价格的变化正好等于保证金账户开仓和平仓保证金补充数额的差额。

Bailey（2005）举了一个简单的例子来说明这个程序。假设一个7天到期的买入合约在第一天以1000美元的价格购买。需要代理人持有的保证金是250美元，因此初始保证金账户价值就是这个金额。每天期货合约的第7天的交货价格都会进行评估，并且保证金账户将会随着每天套期保值价格的变化借记或者贷记。如果保证金账户价值下降到初始金额以下，保证金补足将重新达到其价值。表格5-1模拟了每日价格、每天增加或减少额、保证金账户和保证金补足额。在第3天，价格下降了50美元使得保证金账户低于最初的保证金，因此，将需要补充30美元的保证金。在第4天，价格的进一步下跌又使得保证金账户（增资后达到250美元）降低到210美元，因此又有进一步补充保证金的通知。在第7天末，在合约到期时，套期保值本身产生了10美元的利润（最终价格和初始价格的差额）。这个利润和最终保证金账户的价值相等，它是初始保证金减少返还套期保值者的金额和保证金补充金额的总和。实践中，保证金账户增加的是期间内赚取的结算利润，因此，套期保值者在进行支付结算时没有任何财务成本。

虽然保证金账户的运行没有长期的财务影响，它可能使政府面临较大的短期融资需求。在存续期内价格的持续下跌将导致暂时的大规模的资本流出。同时，对于一个卖出套期保值者，价格的持续上升可能导致大规模的短期融资需求，这比初始保证金支付金额大得多。即使价格最终回到了历史平均水平，如第2章显示，油价的持续增长却是其运行特征。

表 5-1 买入套期保值的保证金账户

日期	价格，美元	每日收益/损失	保证金账户	要求保证金
1	1000	—	250	0
2	1020	+20	270	0
3	970	−50	220	30
4	930	−40	210	40
5	950	+20	270	0
6	980	+30	300	0
7	1010	+30	330	0

5.3.3 外部管理成本

各国政府或国家石油公司考虑是否启动套期保值方案，因为在一个时期内不可能有专门技术来设计和实施有效套期保值。实际上套期保值策略要比上述提及一系列的期货交易复杂得多。要么是所有服务可以委托经纪人或专家顾问设计一项战略，以获得最佳的执行，但这将增加该计划的成本。要么是全业务的经纪人，或者专业咨询顾问能够委托设计最大效率行权的套期保值策略，但这会增加方案的成本。

建议对套期保值不熟悉的政府在一个相当长时期内通过模拟一套套期保值方案跟随市场。这种模拟可以帮助政府追踪潜在成本和收益，并学习套期保值的操作方法和其他可用的策略。只有当一个政府完全意识到潜在成本和收益时，一个实际的方案才能开始。

5.3.4 内部管理成本

为了管理一个套期保值方案，指示并配合顾问或经纪人公司，政府或国家石油公司将有可能必须建立一个专门机构来负责检查交易，授权支付不足的保证金和鼓动改变套期保值的战略。这一措施涉及建立这样一个部门的固定成本以及运行时聘用专门人员可能的额外费用。

5.4 估计套期保值比率、套期保值效率和其收益

轻质原油销售风险最小化的套期保值比率可以通过若干不同的套期保值期间进行估计，如1987年1月至2007年3月（使用月度数据），此外还有三个期间，1987年1月至1999年12月，2000年1月至2003年12月和2004年1月至2007年3月，这在第3章中有所说明。

期货价格用两种不同形式表示。第一种形式使用指定月份的前一个月最后一个交易日的报价，第二种形式采用平均指定月份前面的月份所有天的截止日价格。后者则是指一个月的平均成本，但是没必要指任何一天的价格，而前者代表一个在期货市场可识别的机会。现货价格被视为正考虑月份的平均值。

考察合同期限为3个月、6个月、12个月和24个月。因为在指定月份购买的较长期限合约在最后日期成熟，分析持有初始合约的平仓价格这个时期是可用的，日期是2005年7月。为了确保第三时期估计准确可比性，风险最小化的套期保值比率由2004年1月开始到2005年7月的合约进行估计。3个月和6个月的期货合约是整个研究期间的报价，但12个月的合约在1989年1月后变得普遍，还有1996年1月后24个月的合约。因此，整个时期和第一个时段，数据的数量因套期保值期限不同。在第二和第三时段，相同数量的数据应用于所有套期保值。

用于推算所有时期风险最小化的套期保值比率是基于每个时期的数据，这意味得到的数值是事前套期保值。表5-2列出了风险最小化套期保值比率（h^* 在附录5中阐述），套期保值效率（R_2），考察期间内的平均收益（y^*）它是套期保值组合的不同参数。未进行套期保值的平均收益率（Δp）也做出了比较，虽然它没有考虑风险最小化套期保值比率。收益是每桶套期保值以美元来衡量。推导这些参数的相关方程在附录5有所解释。

表 5-2　基于月度价格的卖出不同时期轻质原油的最小风险事前套期保值
（1987 年 1 月—2007 年 3 月）

时段	参数	3 个月（月末）	6 个月（月末）	12 个月（月末）	24 个月（月末）	3 个月（月平均）
1987 年 1 月—2007 年 3 月	套期保值比率	0.76	0.83	0.80	0.92	0.99
	套期保值收益	0.32	0.08	-0.28	-1.79	-0.02
	未套期保值收益	0.59	1.18	2.54	9.13	0.59
	套期保值效率	0.50	0.66	0.70	0.85	0.61
1987 年 1 月—1999 年 12 月	套期保值比率	1.04	0.97	0.90	1.16	1.15
	套期保值收益	-0.06	-0.36	-0.60	-1.91	-0.20
	未套期保值收益	0.20	0.38	0.97	3.38	0.20
	套期保值效率	0.71	0.79	0.72	0.89	0.65
2000 年 1 月—2003 年 12 月	套期保值比率	0.78	0.89	0.90	0.97	0.96
	套期保值收益	-0.47	-1.54	-2.83	-4.21	-0.59
2000 年 1 月—2003 年 12 月	未套期保值收益	0.46	1.16	3.05	10.80	0.40
	套期保值效率	0.53	0.68	0.73	0.89	0.58
2004 年 1 月—2005 年 7 月	套期保值比率	0.49	0.24	0.17	0.65	0.75
	套期保值收益	2.92	6.47	12.47	5.29	1.81
	未套期保值收益	4.58	8.17	15.19	19.51	4.60
	套期保值效率	0.28	0.08	0.06	0.69	0.40

资料来源：来自彭博资讯的期末期货价格和来自美国能源信息署的月平均期货价格，以及作者计算。

注：期末期货价格是套期保值出售时最后一个交易日的平仓价；月平均期货价格是套期保值出售时每个交易日的平仓价格平均值。

分析从 1987 年至 2007 年的套期保值有以下发现：

（1）回归每一个套期保值时期的最大数据期间表明风险最小化套期保值比率在期限内趋于增加。两年期限合同的风险最小化策略需要 92% 可用原油来套期保值。

（2）估计在整个数据期间的套期保值效率也随期限长短增加。一个 3 个月的套期保值能降低 50% 的风险，而一个 24 个月的套期保值能降低 85% 的风险。

（3）套期保值及未套期保值的收益与短期套期保值接近；在最长期限内，未套期保值的收益是远远比套期保值的收益高，这表明了套期保值投资组合的损失。

这种差异是由于在后期现货价格的上升——任何数量的套期保值都减少了收益，这可能是由于在交割日等待并仅出售了现货。

（4）第一时段证实了所有时期的结果，但是每个时期的风险最小化套期保值比率和效率要比全时期的更大。估计的风险最小化比率要比一些案例整体比率大，这表明风险最小化策略是对所有组合进行套期保值。套期保值效率随着合约期限增加，然而套期保值和未套期保值的收益的差额在长期套期保值中是很大的。

（5）第二时段的结果表明风险最小化套期保值和套期保值效率随着合同期限增加。套期保值收益和未套期保值的差额在套期保值期间内明显增加。现货价格对于两年期的套期保值上涨尤其明显。

（6）在最近的时期内，最长期限的套期保值效率在全时期内最低，至于持续期间，风险最小化套期保值比率，没有类别。持续期较长的未套期保值的收益非常大，所以卖出套期保值者将会遭受较长时间的机会损失。

（7）基于平均期货推算的三个月期套期保值要比基于月末价格推算的产生更高的最小风险套期保值比例和更低的套期保值收益。套期保值效率和未套期保值收益与月末价格推算的相似。

（8）即使风险最小化套期保值策略没有将投资组合收益考虑进去，但是可以看出，在所有情况下事后套期保值比未套期保值投资组合有更低的回报率。由于在长期套期保值中期货价格上涨，卖出然后回购套期保值达到平仓降低了投资组合的收益。在所有情况下，未套期保值和套期保值的收益差额随着套期保值期限的增加而增加。在第二时段，当油价开始急剧攀升，期货价格在套期保值期间迅速上升；对于长期套期保值者，未能预见期货价格上升将导致未套期保值投资组合相关的机会损失。

（9）对于长期的套期保值者，在表5-2中显示的套期保值和未套期保值的负回报收益被解释为套期保值的直接成本。例如，从2004年1月至2005年7月期间原油买方利用24个月的套期保值，将会因此遭受每桶5.29美元的损失；未套期保值买方将会导致19.51美元的成本。这些成本，如套期保值者的收益的计算与考虑套期保值的时候每个月主要的目前的现货价格有关。对于每一个时段和持续期，风险最小化买入套期保值的成本比剩余的未套期保值的成本更低。在所有时期内，这种效果中期限最长的套期保值表现尤其明显。

（10）所有期限合约的套期保值收益表明，在套期保值期间，期货合约低估了实际发生的现货价格的上升。在最近的时段中这种效果是最明显的，之前时段中所有持续期内套期保值及未套期保值的收益之间显示出巨大差距。

这些从风险最小化的套期保值策略中得到的结果表明，将期望收益考虑进去可能在市场上成功实现套期保值。当风险参数太大以至于风险较少地减少反而会接受较大的交易时，风险最小化套期保值与最优套期保值策略有相同的效果。通过利用最优套期保值能够研究相对风险偏好的不同带来的影响，推算风险参数不同数值。

作为一个例子，根据轻质原油一个月末价格的3个月卖出套期保值在2004年1月至2005年7月进行估计。这又是一种事后套期保值，利用相同时期内最优套期保值比率和期货价格平均变化进行估计。这种套期保值策略结果在表5-3中显示了风险参数范围。最优套期保值比率、投资组合方差和最优套期保值收益都有所显示。风险最小化套期保值（假定风险参数等于无穷大）和未套期保值的收益也包括在内。

表5-3 轻质原油的最优三个月事前套期保值（2004年1月至2005年7月）

风险参数	最优套期保值比率	最优收益	最优方差
0.4	0.36	3.38	23.07
0.5	0.39	3.29	22.44
1	0.44	3.10	21.05
3	0.48	2.98	20.03
5	0.48	2.96	19.81
10	0.49	2.94	19.65
20	0.49	2.93	19.56
40	0.49	2.93	19.52
60	0.49	2.93	19.51
∞	0.49	2.92	19.48
未套期保值	—	4.58	27.07

计算结果表明，不同风险参数的影响，除非它非常低，这时选择最优套期保值比率、收益和风险通过方差衡量最小。然而，如果风险被视为与收益高度相关。在期间内预测平均现货价格收益和将其纳入套期保值策略的能力使得风险大大降低。

到目前为止，考察的套期保值已全部为轻质原油卖方计算，由于质量差别允许移除了基础风险因素。对于其他原油卖家，其现货价格不像轻质原油现货价格那样与原油期货如此密切，基础风险较大的将减小对冲策略的吸引力。在1988年2月开始的若干月度平均数据是可用的，并且事后风险最小化套期保值由16个原油全期间和分段时期估计求得。风险最小化套期保值比率和套期保值效率如表 5-4 所示。另外，套期保值和非套期保值收益率计算结果在附录 5 中给出。

表 5-4 各种原油的事后风险最小化 6 个月卖出套期保值比率及效率
（1988 年 2 月—2006 年 12 月）

原油，国家	1988 年 2 月—2006 年 12 月		1988 年 2 月—1999 年 12 月		2000 年 1 月—2003 年 12 月		2004 年 1 月—2006 年 12 月	
	套期保值比率	套期保值效率	套期保值比率	套期保值效率	套期保值比率	套期保值效率	套期保值比率	套期保值效率
布雷加，利比亚	0.96	0.61	1.04	0.73	0.82	0.64	0.98	0.56
卡宾达，安哥拉	0.90	0.58	1.00	0.71	0.75	0.55	0.91	0.52
哥萨克，澳大利亚	0.97	0.61	1.00	0.74	0.90	0.59	1.00	0.56
杜汉，卡塔尔	0.91	0.59	0.96	0.72	0.75	0.65	0.94	0.53
Es Sider，利比亚	0.95	0.60	1.04	0.72	0.80	0.62	0.96	0.55
福卡多斯，尼日利亚	0.99	0.60	1.07	0.73	0.80	0.62	1.02	0.55
伊朗重油，伊朗	0.85	0.57	0.95	0.71	0.66	0.51	0.86	0.52
伊朗轻油，伊朗	0.89	0.58	1.00	0.71	0.69	0.53	0.90	0.54
科尔，喀麦隆	0.99	0.59	1.06	0.74	0.68	0.30	1.06	0.60
曼吉，加蓬	0.97	0.58	1.03	0.71	0.65	0.32	1.05	0.60
海洋，卡塔尔	0.87	0.57	0.96	0.72	0.72	0.62	0.88	0.50
穆尔班，阿联酋	0.91	0.59	0.97	0.72	0.77	0.66	0.94	0.52
奥里恩特，厄瓜多尔	0.89	0.54	1.00	0.72	0.80	0.52	0.88	0.47
撒哈拉，阿尔及利亚	0.97	0.60	1.07	0.72	0.83	0.64	0.98	0.54
乌拉尔，俄罗斯	0.90	0.58	1.04	0.69	0.69	0.54	0.90	0.54
Widur，印度尼西亚	0.94	0.62	1.00	0.75	0.88	0.66	0.96	0.56
轻质原油，美国	0.82	0.67	0.99	0.79	0.89	0.68	0.71	0.67

资料来源：现货价格来自能源报告 2008 和作者计算。

基于一个月的事后套期保值比率的不同原油的套期保值表现揭示了一些重要特点：

（1）所有原油的套期保值效率要比轻质原油的低；没有期货合约存在的原油基础风险增加。在最近的时段内这种效果尤其明显。

（2）在第一时段原油套期保值效率并没有很大差别，但是在第二和第三时段中存在产别明显的特定原油。至于科尔和曼吉，在第二时段效率下降到30%。

（3）风险最小化的套期保值比率在第一和第三时段最接近，这表明几乎所有实物销售应该进行套期保值以降低风险。在第二时段，对于大多数原油风险最小化套期保值比率大幅降低。套期保值效率和风险最小化套期保值比率的变化意味着一个动态套期保值策略，以及作为市场变化的风险最小化对套期保值率也是有用的。

（4）未套期保值和套期保值收益（附录5中显示）与一个6个月期限的轻质原油套期保值相似。在第二时段，特别是第三时段，未套期保值收益比卖出原油套期保值收益更大。

石油产品的买家或卖家可以在纽约商品交易所对特定产品套期保值，这可能使进口方政府减少期货购买风险成本。由于只有某些规格的产品在交易中报价，因此将存在与报价质量和进口质量差别相关的基础风险因素。例如，纽约商品交易所对车用汽油的规定是对普通汽油的重新阐述；民用燃料油，分为国内使用的民用燃料油和中等容量的工业炉用油两种。形成的汽油合约在2006年年中结束，并被乙醇添加的汽油取代。这两个产品的风险最小化3个月套期保值由所有时期可用数据以及上述确定的时段计算的，结果如表5-5所示。

表5-5 汽油和民用燃料油的3个月卖出风险最小化套期保值比率和套期保值效率
（纽约商品交易所，1987年1月—2007年4月）

燃油	日期	套期保值比率	套期保值效率	套期保值收益	未套期保值收益
汽油，美元/加仑	1995年1月—2007年3月	0.98	0.60	0.95	1.92
	1995年1月—1999年12月	1.05	0.54	−0.36	1.37
	2001年1月—2003年12月	1.03	0.54	−0.36	1.37
	2004年1月—2007年3月	0.84	0.33	5.80	12.09
取暖油，美元/加仑	1986年1月—2007年4月	0.98	0.60	0.95	1.92
	1986年1月—1999年12月	1.16	0.59	0.65	0.92
	2000年1月—2003年12月	1.14	0.54	−2.54	0.38
	2004年1月—2007年4月	0.84	0.65	5.99	7.85
轻质原油，美元/桶	1987年1月—2007年3月	0.76	0.50	0.32	0.59
	1987年1月—1999年12月	1.04	0.71	−0.06	0.20
	2000年1月—2003年12月	0.78	0.53	−0.47	0.46
	2004年1月—2007年3月	0.61	0.44	2.44	2.29

纽约商品交易所石油产品套期保值的表现与轻质原油套期保值类似。在早期时段，风险最小化套期保值比率比较接近，这表明出售或购买的实际套期保值具有最小化的风险。在最近时段套期保值效率下降并且对汽油来说是最低的，仅为33%。卖出套期保值者通常会发现未套期保值回报率比套期保值回报率更高，然而买入套期保值者会发现情况相反。唯一的例外是第三时段的原油，这表明未套期保值收益2.29低于套期保值收益2.44。

5.5　期权的使用

近年来期权在期货合约中的使用日益被更好地确立，但是，虽然这对市场来说是规律性的活动，但是很少有证据表明政府意图对进口或出口石油进行套期保值，并开始更多地使用这种融资需求。然而，一种避免更大损失的工具将变得越来越有吸引力。

市场上任意一天，都能够获得月度期货的买入和卖出期权。虽然这些可以往前延伸6年，但是提前1年以上的只有少数交易成交。期权合约为潜在的期权持有者提供一定选择。对于不同的行权价格（期权持有者在合约到期日行驶权利买入或卖出时的价格）即购买这种权利支付的溢价将随市场期货价格而不同。表5-6显示了2007年10月11日纽约商品交易所买入期权的报价，当时轻质原油的现货价格是每桶84美元。这个表格表明一个买入期权赋予了在12月以69美元/桶的价格购买轻质原油的权利，并将要求以11.7美元的溢价购买期权，而在12月以79美元购买权利的期权的购买价格是3.45美元。附属于79美元的行权价格的非常高的溢价表明市场预期在到期日将预感现货价格会非常高，因此期权买方（代理人将买入期权卖给买入期权持有者）将要求较高的溢价来抵消期权价格低于期望现货价格的部分。行权价格越高，未来现货价格高于此水平的可能性越小，并且允许溢价减少。

期权合约能够像期货合约那样与实物购买相结合。例如，一个代理人知道若在2008年3月购买原油可能会购买一个10月份到期行权价格是77美元/桶的买入期权，支付期权价格是5.34美元。随着到期日的临近，要做出决定是否执行期权。影响这一决定的主要有两个潜在情形：

（1）代理人考虑对期权进行行权时现货价格是否高于行权价格。假定现货价格是83美元/桶，行权价格是77美元/桶。在这种情况下，执行期权将会是有利可图的因为以较低的价格购买实物商品。如上所述，获得总体价格的保证，受托人必须在期货市场上平仓通过在合约到期日卖出一个合约，因此期货市场达到套期保值。因为卖出价格调整实物商品购买的现货价格应该接近，净成本就是期权合约——等于行权价格加上期权价格（77美元+5.34美元）。这两者的和比一般的现货价格要大很多。然而，由于期权价格已经发生，只有行权价格是相对能决定是否行使期权更好。至于上述简单的套期保值，由于未来卖出价格进行期货平仓（指卖出价格不同于购买实物的现货价格），其中的交易存在一种基础风险。

（2）在到期日现货价格低于行权价格。在这种情况下，最好让期权到期，并在现货市场上以较低的价格购买原油。总成本等于期权价格（无论期权是否行权都要支付的）加购买实物时的现货价格。

相似的观点影响着看跌期权的应用。原油生产商可以用看跌期权来锁定一个底价以进行期货销售，同时确保不错过从预料之外的现货价格增长中获利的机会。生产商在购买一个卖出期权时要支付代理人期权价格。行权价格越高期权价格也上升，因为持有者选择行使权利的可能性将会随着现货价格上升而增加。如果主要现货价格在行使合约权利时比行权价格低，那么持有卖出期权的持有人将行权以最大化其收益。如果现货价格高于行权价格，卖出期权持有者将会让合约到期。

总之，一个期权持有人可获得更多良好的分布结果通过允许在高违约情况下选择到期（低现货价格的看涨期权和高现货价格的看跌期权），但是还有一个额外的成本——就是溢价——无论结果如何都要支付的。为防止违约获得较大的保证金（买方原油市场上一个非常低的现货价格）因而需要预付较高的保费，这点降低了这种策略的吸引力。

表5-6 纽约商品交易所轻质原油的欧元看涨期权2007年10月11日

行权价格，美元	2007年12月的期权价格，美元	2008年4月的期权价格，美元
69.00	11.71	10.97
71.00	9.84	9.40
73.00	8.05	7.92
75.00	6.35	6.56
77.00	4.81	5.34
79.00	3.45	4.27
81.00	2.39	3.39
85.00	1.02	2.01
87.00	0.63	1.54

5.6 运行一个原油套期保值的注意事项

一个石油套期保值的主要目的是为了降低石油或原油价格波动的风险。石油生产国，面临未来不确定的收入流，能对冲未来生产收入，同时进口国家可能对冲购买汽油或柴油。国有企业也可能足够大，能够运行一个套期保值方案。美国国家贸易和发展会议（2005年）描述一个国家运输公司利用通货交换协议降低购买燃料供应风险的可能。其他机构，如电力公司同样希望通过这种方式降低风险。然而到目前为止，并没有证据表明政府及其机构比以往要多地开始利用这个金融工具。而且在一个政府愿意开始这样一个计划之前有几个因素是需要考虑的。如果政府的主要目标是稳定公众支出或国际收支平衡，发现一个与公共支出或国际收支变化高度相关的套期保值工具将更恰当。只有当石油价格变化是油价波动的主要因素时套期保值策略才能较大程度地降低风险。

5.6.1 原油和成品油价格的波动程度

第3章报告的统计测试表明原油价格波动，不论是否是按天、周或月测量，2004年1月至2007年3月都低于1986年1月至1999年12月和2000年1月至2003年12月。汽油、柴油和航空煤油价格在最近时段波动比较大；燃油、残余燃油和丙烷与2000年1月至2003年12月相比波动不大，但1986月1月至1999年12月波动稍大。在几乎所有的情况下，第二时段油价的波动性比相同周期开始到1999年12月要高。对于最近两个时段的石油和汽油来说，油价波动性的变化和现货价格与期货价格之间的相关性导致套期保值效率下降。实际的石油和原油产品套期保值效率在任何一个时期并不是特别高（除了两年期的套期保值，其效率在两个时段中能达到90%）；在最近时段轻质原油和汽油的效率较低。基础风险在石油期货市场中是越来越重要的因素，所以作为降低风险（如衡量一个事后套期保值的基础风险）的工具——套期保值在近期高油价的情形下其吸引力并没有增加的态势。

计算套期保值收益的过程表明，在考察期限内特别是最近时段，一个套期保值卖方情况将有所好转，他不是对所有产品进行套期保值，而只是在现货市场上出售并因此从价格稳步上升中获利。相反的，一个套期保值买家将发现在这时进行套期保值更加有吸引力，从而锁定期货价格，因为实际上在套期保值关闭时期货价格比现货价格更低。为了进行说明，图5-1比较了轻质原油6个月、12个月的月平均现货价格以及24个月的期货合约价格；表5-7总结的统计数据以表格的形式显示。自从1986年，当期货价格在具体的期间内有效时，期货价格证明比现货价格低63%～79%。随着百分比增加，并且相应地，随期货合约月份增加的是当前现货价格的相关系数下降。当考查的数据从2004年1月开始，对于24个月的期货合约其百分比增长到几乎100%。也就是说，一个轻质原油的买方将不断从锁定的24个月期货价格中获利。

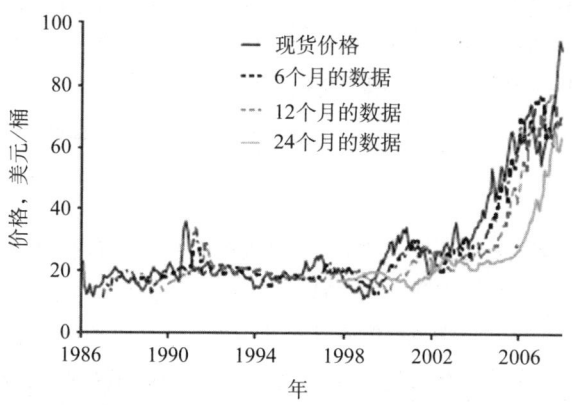

图 5-1　轻质原油的现货和期货价格

表 5-7　轻质原油的现货和期货价格统计数据

统计数据	6个月	12个月	24个月
期货价格低于现货价格的月份数占整个时期的百分比	63	67	79
2004年1月后，期货价格低于现货价格的月份数所占百分比	78	74	100
整个时期内现货价格相关性	0.93	0.88	0.77
2004年1月后现货价格相关性	0.81	0.80	0.69

资料来源：美国国际能源署2008a和彭博资讯网，以及作者计算。

注：现货价格为平均月现货价格；期货价格是来自纽约商品交易所的6个月、12个月和24个月的价格。

这种依据过去经济发展形势分析的结果不应该作为一种背书，利用期货市场来减轻价格大幅上升的不利影响。在出手套期保值时，期货价格是对现货价格最好的估计，套期保值平仓时现货价格将会有效。进口国政府不大可能比市场自身更好地对未来几个月的价格做出系统性的估计。套期保值的设计目的是降低风险而不是增加收益，一段时期事后经验的未套期保值收益超过套期保值收益并不是判断是否继续套期保值的标准。对于在国际市场上有着出售原油经验丰富的大型石油出口国，似乎更可信的是他们可能对未来几个月油价走势做出优先估计，并且因此能够计划一个成功的套期保值方案。

5.6.2 可用套期保值的持续期

期货市场上能得到持续期限稳定延长的期货合约。从 20 世纪 80 年代的经验看,原油期货合约的延伸时间只有 6 个月,合约的最长持续期目前是 7 年,尽管在这么长的持续期内并不是每个月都有交易。汽油及燃油合约的持续期也增加到大约 3 年。这为套期保值提供了一种更灵活的方式并提供在长期内降低风险的可能性,如两年期期货合约在降低风险说明中的优越性能。然而,在分析过的时期,尤其是最近时段,非套期保值回报(对卖方来说)远远超过套期保值的回报。

5.6.3 基础风险

对所有原油和成品油来说,存在一种基础的风险,它将产生对未来可得到收益的不确定性。套期保值效率的计算显示出基础风险在最近时段非常大,这也反映出一个事实,即刻交货的期货价格(在期货合约即将关闭的前一个月)并不总是在交割月份接近现货价格❶。两年期的套期保值拥有最高的套期保值效率。不同于轻质原油(作为纽约商品交易所的参考)的原油基础风险在大多数情况下略微比轻质原油高,但在最近时段这个差额尤其明显。汽油、燃油和原油的基础风险类似。套期保值效率从未超过 90%;对于许多持续期和时段来说,效率低于 70%,表明了甚至在相对有利的情况下基础风险的重要性。

政府希望对冲进口成品油应该注意某些特定的产品(航空煤油和车用柴油)是不存在直接的期货交易的。因此,如果汽油或燃料油期货能够用于对冲这些产品,那么期货基础风险将会被考虑。例如,现货航空煤油和期货燃料油价格的相关性将明显弱于现货燃料油和期货燃料油价格的相关性。

5.6.4 实际出售或购买实物商品

对上述简单套期保值操作的分析暗中假设了实物商品的卖方或买方将会通过代理人制作和融资期货合约,这往往并非如此(Gerner and Tordo 2007)。对于一个生产国,国家石油公司——如果它确实生产并销售原油,那么它将能够运行两个操作。在一些国家,国家石油公司或者石油部门将仅仅收取原油销售的税费和特许使用费,这些原油是由国际石油公司生产并销售的。在生产水平和计划不是由政府直接控制的公司,将会有不适宜进行套期保值的附加风险。例如,政府不可预见的停产或突然降低产量将导致比适宜的更多数量的套期保值,伴随一种可能性是,通过关闭买入套期保值的义务将带来暂时性的融资负担。此外,由于

---

❶ 实际上,现货交易发生在特定的某一天;因此,月平均价格不能代表特殊的交易。

支付税费和特许使用费使得原油销售滞后，收入流可能存在一定程度的不均衡，这将不能通过简单的套期保值策略来消除。

石油产品可能同样导致一些问题，即使政府很少自己购买这些产品。在一个国家中政府设计套期保值通过价格支持计划来达到消除支付的补贴，私用部门购买石油产品，这个价格支持计划导致这样一种可能性，就是采购计划的变化可能导致政府对不适宜数量进行套期保值。

5.6.5 提供保证金的要求

期货市场的运作要求套期保值者能够根据每日合约价格的变动追加每日要求的保证金。近年来这些价格的日变动是非常大的，价格连续增长并不少见。第3章表示长期的累积正和累积负偏差是比较常见的，即使在价格偏离趋势（Hodrick-Prescott 滤波），并在这些极端情况下这种趋势可能持续好几年。

如果套期保值决定是根据过滤价格做出的，那么累计保证金要求数额可能是非常大且持续的。即使保证金最终能够返回并赚取利息，对于政府来说临时融资要求也是难以控制的。当对大量原油进行套期保值时，由此产生的短期和立刻支付的融资要求会给采取套期保值的政府机构带来高度变化的资金流出和流入。在那些套期保值代理人和中央银行有着不牢靠合作的国家，可预见性的缺乏可能处理起来非常困难。此外，将需要非常严格的监管来确保适当的交易数额。

5.6.6 监管

由于一个实际的套期保值策略需要专业的知识，因此政府的监管变得重要并且困难重重。如果一个套期保值计划是由政府雇员实行的，不论是财政部、国有企业或一个专门机构，将需要权威的监督来审查所有文件和交易。经纪人在运行套期保值方案时有太多的漏洞，这可能将已经做出的错误交易隐瞒了很长时间。可以利用激励机制来弥补损失，甚至进行高风险交易以期望抵消利润。

最近的一个例子是，私营部门的单独个人很显然要对较大的损失负责，这是作为持续严格监管困难的一种警示。

5.6.7 法律限制

在一些国家，国有石油公司或其他政府机构是不允许使用期货或期权的，因为他们纯粹和投机活动联系在一起。凡存在这样的禁令，政府将不得不考虑是否改变法律以及以什么样的方式限制其代理人投机交易产生的风险。商品的套期保值需要通过立法授权该方案和建立实施过程的边界条款。虽然灵活套期保值比基于规则的套期保值更加有效，它可能需要在行政部门拥有较高程度的自治权。因为财政支出权通常由现有预算法规定，政府能够使用的套期保值策略的类型和效率可能会受到限制。

5.6.8 政治责任

最终，正如众多学者指出的，政府对套期保值方案的成功或失败负责。当价格上升，使用卖出套期保值可能会导致错过通过逃避期货市场并在现货市场出售高售价出售获利的机会。政府将面临解释的压力，为何其收入没有随着世界石油价格的上升而上升。另外，至于从套期保值获得的收入流，比较确定的是这不会使那些没有制定预算支出计划的人感到满意。同样的，一个买入套期保值者，当产品价格确实下降的时期，与等待购买得到的相比，可能通过套期保值支付的更多。如果政府的评论家们在商品价格上升时不知道通过套期保值来获得什么样的收益，那么关于政府缺乏套期保值经验以获得收益，将不会有对称的投诉。任何这种压力的不对称都将降低政府愿意进行套期保值的可能性。这也表明，如果政府考虑这样做，应该进行广泛的公众教育计划，如阿拉斯加州政府在考虑是否对石油产品套期保值时就这样做的（最后，阿拉斯加州选择不进行套期保值）。

其中一些问题可以使用期权来解决，它允许卖方考虑价格高于最初的预期，或者，对于买方价格低于预期。然而，为获得掩盖这种可能性的可观性而必须支付的保证金似乎非常昂贵，过去这样，未来更是如此。

5.6.9 缺乏模型

对于一些政府来说，无法从其他国家学习并复制那些知名且成功的例子是一个相当大的缺点。对于这样一个复杂的，需要投入大量金钱的方案操作，学习其他国家如何操作是非常有用的。事实上，政府没有表现出要大规模的套期保值销售和购买，表明套期保值不是应对油价波动问题的一个简单解决办法。

甚至非常大型和老牌儿的公司通过衍生物也会偶尔损失大笔资金。Bailey (2005) 描述了德国金属公司重组和市场化的案例，它主要业务集中于在现货市场上购买石油产品（柴油、燃料油和汽油）并以长期合约出售给顾客。这个公司还在期货市场上进行掉期交易，标的资产是石油产品。在1993年年底，公司在这个业务上的损失超过10亿美元，其中相当一部分可以归咎于不慎重的使用衍生工具。

6 安全库存和价格上涨

在缺乏缓冲库存的情况下，原油供应中断会造成最终用户价格在短期内急剧上涨。因此，原油和成品油库存已经是世界各地石油行业的一个普遍的特点。通过调节库存来平稳价格波动不是唯独针对石油，人们也在试图用该方法实现对其他商品同样的调节效果。

> 其他商品的例子
>
> 正如第 1 章中指出的，价格波动并不限于石油部门。例如，在农业和矿业方面的商品也做了许多尝试，试图通过变化的库存计划来稳定价格。这些计划中的一些力图通过增加库存或回购来稳定世界价格，而另一些则侧重于内部的价格调节以迎合消费者需求。回顾文献可知，德恩、吉尔伯特和维如吉斯（2005）得出结论认为，对于出口商品，关键的问题是价格预期过于乐观，这最终导致许多计划破灭。虽然当前的高油价时代不同于早期出口价格下降时的情形，对石油和其他商品来说，预测未来价格总水平的难度很常见，并且这种预测出现错误的代价可能和先前一样昂贵。

6.1 供货中断

在那些进口或者生产原油来供应国内炼厂的国家，原油库存为炼厂提供了一个必要的缓冲区，以保证即使出现进口量或产量的波动炼厂也可以得到持续的原油供应。装载和卸载的延时是相当常见的，但一般都不会延时很久；因此，适度的库存量是防止这类供应中断的有力保障。

类似的考虑也解释了公司为什么需要有成品油库存。可能会出现成品油需求突然大增或供应暂时下降的情况（例如，一家炼厂突然停工）。一个适当水平的商业库存能够确保避免价格暴涨或者配给供应，或两者都可避免。在存在多个卖家的市场，公司一般不会用完存货，因为如果在短期内无法提供供应，便会立刻被竞争对手替代为客户提供供应，并因此遭受永久的业务亏损。此外，这种中断和销售额相比往往是很小的，因此库存并不需要非常大。持有库存将产生成本，无论是增建存储设施（油罐）的资本方面的成本，还是放弃以股票形式持有的原油或成品油价值的利息成本。这些成本需要根据可能的收益进行权衡。当中断供应的可能性较高（例如，替代品供应不可能立即补充供货，无输油管道基础设施的内陆国家），或是缺货费用被公司视为是非常危险的时，持有的预防库存量可能会更高。

在罕见的情况下，石油市场受到很大的内部或外部的中断供应。这样长期的原油或成品油短缺对经济产生高度破坏性，成品油用户将面临配给，甚至完全没有油可用。原油和石油产品的两个显著的用户是电力部门，当电由燃料或柴油产生时，还有运输部门。由于电力和运输通常在经济的产业结构中发挥主要作用，完全中断供应将对经济带来很大的负面影响。

从电力部门的角度，可能有其他形式的、能够大规模生产的替代品，存在过剩产能。柴油可以作为燃料油的备用品；当电网中断时，它也可以用于小型发电机来补充电网供电。如果国家遭遇了燃油和柴油短缺，将造成很大的经济损失。在许多国家，如果短期内没有其他可用的燃料来源，就不得不实行配给政策。无法获得持续的电力供应，特别是在没有预料的情况下，会给经济强加非常高的成本，因为经济依靠电力作为其关键的投入之一。没有电力造成的损失通常远远超过发电的成本。

至于运输部门，包括货物运输（卡车和铁路）和客运（客车和轿车）。当石油产品供应中断时短时期内没有可用的替代品，这时，配给将直接用于限制优先使用商品的供应，如私人汽车改乘公交车，但是这将不可避免地会有生产和福利损失。

实践中，许多主要的中断供应很少造成石油供应完全中断，但是价格方面，中断供应将迫使石油价格暴涨。在2005年当一辆货船没能及时到岸时，桑给巴尔就出现了这样的例子。然而在其他情况下，原油或石油产品的替代资源的运输能力不足将导致价格明显上升和实物的短缺，2005年赞比亚的铜矿产品就遇到过这种情况。在当时的情况下，铁路油罐短缺导致燃料油短缺，矿井被迫大幅削减铜产量甚至停产（Bacon 和 Kojima，2006）。

在全球市场方面，Leiby（2004）和 Harks（2003）提供了1950年到2003年之间主要石油市场中断的细节，这在表6-1中有所总结。

表6-1 市场中断的类型（1950—2003年）

类型	数量	持续期，年	规模（占全球供应影响的百分比），%
事故	5	5.2	1.1
国内政治斗争	9	6.5	2.3
国际禁运/经济纠纷	4~6	11.0 (6.1[a])	6.2
战争	4~7	—	—

续表

类型	数量	持续期，年	规模（占全球供应影响的百分比），%
总量，平均持续期和平均规模	24	8.1（6.0[a]）	3.7

资料来源：雷拜 2004。

注：这里考虑到战争和国际禁运的时间与规模。这些时间很难进行分类，它们影响了时间序列数据。

a. 包括伊朗 44 个月的油田国际化。

6.1.1 国际能源署回应

面临大规模供应中断的可能性和国际油价高涨，许多政府都建立了石油战略储备。在这方面，IEA（国际能源署）的成员国建立了国家能源计划，包括石油成员国持有的石油库存的数量的规则，以及释放这些库存投放到市场上的规则。这个方案要求每个成员国持有至少 90 天的净进口消费量（见 Hale and Twomey 2005 年在新西兰有关这个协议的讨论）。这些存货可能直接由政府持有，或是像韩国和日本那样给那些被授权能够持有超过他们正常业务水平的库存量的公司持有。

根据国际能源计划原始协议，如果一个或更多成员国的日石油供应持续下降到至少和最终消费额日平均的 7% 相等时，库存可以被投放到市场。在 20 世纪 90 年代协议通过协调紧急应变措施进行补充，它提供了一个快速灵活的机制以应对实际或即将发生的石油供应中断情况，包括供应减少率在 7% 以下。在 20 世纪 90 年代协议由协调紧急应变措施取代，这时国际能源署的成员之间正通过磋商程序讨论是否应当协调石油库存。Emerson（2006，3380 页）认为，这一条款已很少被使用了，这在一定程度上是因为"战略石油储备应该保存以防以后有更迫切需要的情况。

同时，政策制定者越来越清楚石油安全不是一个量的问题，而是价格问题。事实上，Taylor and Van Doren（2005）得出结论认为美国战略石油储备的成本已经大大超过了它本身的收益，并且这可能继续成为未来的现状。

利用安全库存在全球性供应中断的情况下提供暂时性国内供应将依赖于这种中断是如何定义的。国际能源署的运行方式是通过控制委员会决定是否一个实际的或潜在的石油供应中断是否会发生，如果发生了，就建议成员国采取一些行动包括库存缩减。这样的方式与仅仅对价格变化作出反应的计划非常不同。例如，2004—2007 年价格稳步上涨，它是由市场预期造成的而不是由一次大的、未遇见的全球性中断供应造成的，这种价格上涨将不会触发国际能源署释放石油库存。

利用安全库存来稳定高国际油价带来的影响已经引起了一些注意。美国两次独立行动于正式的国际能源署标准之外，释放库存以缓解高油价水平。欧盟认为，但是并没有立法，利用库存的直接目标是稳定油价。如果一个大股东或一个像国际能源署成员国那样的国家组成的集团，库存释放到市场上，这将对价格产生两种影响。第一，额外的供应相对全球供应来说是足够大的，从而会降低市场出清价格。第二，以这种方式回应的意愿将说服当库存缩减时高油价的石油市场上的交易和套期保值，因此要降低价格进一步上涨的可能。

6.1.2 持有安全库存的牵连问题

结果是，当预期市场缩紧时，仅存的安全库存意味着未来价格将不大可能上涨。这样一个大规模的石油库存缩紧将对没有减少库存的石油消费国产生较大的外部经济影响，因为他们一般从低油价中获益。这是由于石油市场的全球性特点，当市场的一个部分受到冲击就会迅速影响整个市场的价格。

对于一个小国或者通过全球措施库存量不大的国家，库存释放不足以对全球油价产生实质性的影响。然而，这种库存可以以低于进口价的价格在国内市场上出售，因此在一定程度上可以防止消费者受国际油价的影响。政府可能只希望保护某些群体（如商业运输部门通过购买柴油），或者它可能希望给全社会成员提供价格保护。为了实现后者，政府将会全部按下限价供应，并规定不论是来自进口还是库存，都不得不出售以避免优先购买者从库存释放中获益。

要进行这样一个计划，政府不得不在价格相对低的时候购买库存并进行储存直到需要时，然后在价格非常高时投放到市场中。如果这个计划要长期有效，那么这个周期将被重复多次。购买和投放的时间和数量是关键，这决定了持有存货的成本❶。Brath waite and Bradley (1997) 分析加州的一项计划的操作，假设再次购买的成本低于随后释放库存价格影响的成本，那么释放和重新购买将每年发生。他们的研究是有针对性地再减少 0.12 美元每加仑（0.0321 美元/每升）以低于市场价格，并发现，如果在每隔一年回购时价格上升超过每加仑 0.02 美元（每升 0.005 美元，或 0.84 美元每桶），那么该计划是不值得的。

如何购买石油并放入安全库存的问题 Yun 已经有所探究（2006），他评价了不同的购买套期保值策略。假定的基本情况是当油价高于正常价格时，库存将被释放；并且同时，假定储备再重新采购时要在低油价时购买以防止价格上涨。作者也讨论了更多复杂的套期保值规则。然而，这项研究并没有考虑更多现实的储备例子，这些储备都是考虑是否在某一时刻依据当时价格进行补充存货。

正如第 3 章和第 4 章显示的，原油和成品油价格近年来似乎变得不太平稳，并没有表现出强烈的均值回归。因此，政府往往可能等待一段漫长的时期直到以

---

❶ DynMcDermott 公司 2005 年提供的报价为：日本石油储量 3 美元/桶·年；欧洲石油储备约为 1.6 美元/桶·年；美国工业库存约 2.4 美元/桶·年。

有利可图的价格进行储备。此外，在价格变得高于随后的市场价格时，补充存货存在一个显著的风险。这种情况就意味着要么库存将不得不以亏损状态出售，要么大批存货需要很长一段时期的资金供应。Secomandi（2007年）对于价格是随机但是服从平均回归的商品存货的优化调度进行了正式的分析研究。

任何给定规则的根据石油价格信号购买、存储和释放存货的计划都可以通过政府的"虚拟"库存反映，而不是购买石油，可将同等数额的钱存入专用账户。当规则表明石油应该被以低于国际市场价格释放到市场上，专用基金将提供资金以降低进口原油或成品油支付的相关要价。安全库存计划旨在平稳国内油价，它运行的基本特征可以通过两个时期的简单例子说明。

6.2 两时期安全库存价格平稳方案的操作

以下是两种不同方案的说明：方案A使用实物库存来购买，储存然后释放；方案B包含"虚拟"库存，当国际油价过高时，由政府提供现金以降低该国油价。对于这两种情况，该国家的成品油消费量都是每时期40个单位。考虑两种方案下的国际油价。在第一个时期，这两种情况下的国际市场价格（进口石油支付的）为每单位40美元。在第二个时期，每单位60美元或每单位35美元的替代方案被考虑。一个时期政府储存一个单位石油的成本是持有库存价值的5%。

实物库存方案A受下列因素影响：

（1）如果价格在第一时期低于每单位45美元（最低价格），政府将在第一时期购买20个单位并储存。

（2）第二时期如果可能，当价格高于每单位55美元时（触及价格上线），政府将释放20个单位库存。

（3）在库存缩减时期控制消费者的价格是在价格上限释放库存的价格和石油公司以国际市场价格购买的价格的加权平均值。

第一时期的市场价格是每单位40美元，低于最高限价，政府将花费800美元购买20个单位。如果第二时期国际价格上升到60美元（高于最低上限），政府将以每单位55美元的价格释放库存给石油公司。石油公司再以每单位57.50美元的价格出售40个单位，它是国际油价和库存售价的加权平均，即 [(55美元×20)+(60美元×20)]/40。相反的，如果价格下降到35美元，政府将会继续持有库存。

在"虚拟"库存计划方案B中，无论何时当每单位油价上涨高于最高限价55美元时，政府会给石油公司提供资金支持，足够支持公司售价达到国际油价的平均值55美元。在第一时期，政府没有采取任何行动也没发生任何成本。在第二时期,如果国际油价上升到 60 美元,政府提供每出售 40 单位 2.5 美元的补贴,成本是 100 美元,允许的市场价格是 57.50 美元。如果价格相反跌落至 35 美元,政府并不会采取任何行动。

在两种情况下,消费者面临相同的价格,因此两种方案没有区别。当政府限定价格上限,消费者获得的好处总共是 100 美元(每单位 2.50 美元 ×40 单位)。另一方面,政府在两种方案中面临着不同的成本,见表 6-2。

利用实物库存,政府能够从价格上涨的资本增值中获益,并且能将收益传递给消费者。政府的净头寸依赖于价格变化幅度和储存成本。如果价格下降,政府将遭受资本损失并不得不支付长期的存储成本。如果政府相反地利用一个"虚拟"库存计划,成本只是当价格上涨时提供补贴的数额。

上述例子表明一个"虚拟"安全库存计划可以保护消费者但对于政府而言在油价上涨时期必须要使用该计划时所花费的成本更高。但价格被视为过高时,实物库存的资本增值是不能够提供资金使价格下降的。然而,从长远来看,情况可能会有所不同。如果价格同样可能如在任何时刻上升一样下降,那么一个安全库存计划将得到相同的资本收益和损失,并且引起储存费用和损失的利息。然而,安全库存可以在碰到一个罕见的不可回避的短缺而且不能立即支付更高的价格的情况下使用,且效果明显优于使用虚拟库存。"虚拟"库存可以转移给消费者资金,但是不能满足任何绝对的供应链供应中断引起的实物短缺。

表 6-2 两时期情况下安全库存运行的成本

方案	时期	措施	第二时期每单位 60 美元	第二时期每单位 35 美元
A	1	购买/销售成本	−800	−800
		储存成本	−40	−40
	2	购买/销售成本	1100	0
		储存成本	0	−40
		存货现值	0	700
		总和	260	−180
B	1	购买/销售成本	0	0
		储存成本	0	0
	2	购买/销售成本	−100	0
		储存成本	0	0
		总和	−100	0

一个用来稳定高油价安全库存计划的设计需要几个决定因素：

(1) 价格事件的性质得到好转。安全库存能够避免两种情况。一种是市场中的暂时性中断，价格发生一个大幅但是短期的上涨。这样的情况是少见的。另外一种情况是一个更长的价格大幅上涨时期。这种情况下，由于高油价的风险将持续一段时间，最重要的是不要在一个时期内处理所有的库存。

(2) 库存的最大持有量。持有的库存应该和正常的成品油消费比率成正比。对于这个问题，国际能源署的建议是持有和 90 天的净进口量相同的数量作为安全库存。库存量越大，在降低一个时期内高油价所产生的影响越大，但是如果价格下降将承受更大的资产减值损失的风险。其次，存储费用会随着库存规模的增加而增加。

(3) 如果库存不充足时将采纳低于购买价格的最低限价。政府不得不决定一个低于预期未来价格的，能够购买并转售获利的价格。如果这个最低限价太低，库存将可能永远得不到补充；如果太高，出售的收益可能太小并且不会抵消这个方案运行的成本。

(4) 应该制定高于售价的最高限价。最高限价被认为是有害的，并且改进将会带来可观的收益。当设定得太高时，库存将很少使用；因此，政府将通常能够从低买和高卖中获益。最高限价的选择应该和整体战略相关。如果目标是罕见的极端事件，那么最高限价应该相应定得更高。

(5) 当超过最高限价时，每个时期的销售量应该确定。每个时期释放的最大库存量应该足够可以降低消费者价格。然而，与存货规模相匹配的大规模投放存货可能产生存货紧缩以适应短期内的价格调整，并且存货释放减少了应对未来价格暂时上涨时手头持有存货的机会。

6.3 模拟 1986 年和 2007 年的安全库存方案

模拟的实物安全库存方案说明一些问题并且显示了关键参数的选择如何影响总体方案的效果。1986 年到 2006 年之间的油价历史数据给模拟两种不同境况下的安全库存操作提供了机会。在 1986 年 1 月到 1999 年 12 月之间，轻质原油的月平均价格是每桶 19 美元，并且期末价格几乎不高于期初价格。然而，从 1990 年 9 月到 11 月油价一直飙升，达到了每桶 36 美元的高峰。一个不同类型的例子在 2000 年 1 月到 2007 年 3 月有所证实，在此期间，油价稳步攀升并最终翻了一倍。政府每月购买或出售的模拟取决于国际市场的价格和库存量，这点将在下面阐述。

6.3.1 安全库存和价格上涨（1986年1月至1999年12月）

第一时期的模拟在假定库存只能用于真实市场价格异常上升时推行。基于这段时期的价格，一件特殊事件被定义为可预期的，平均来讲是100个月发生一次（每8年一次）。这个特殊的价格相当于每桶29美元❶。

运行一个安全库存方案由以下因素控制：

（1）每月成品油消费量是1百万桶。
（2）每月购买转入库存的最大量是1百万桶。
（3）最大库存量是3个月的消费量的价值，大概3百万桶。
（4）如果决定释放原油库存，每月释放量是750000桶。
（5）购买的最低限价是每桶17美元。
（6）库存释放的出售价格是每桶29美元。
（7）在库存释放时，消费者支付加权平均释放库存价格（29美元）和当时的国际市场价格，权重在这个例子里是3分之1。
（8）每月的利率是0.8%（一年是10%）。
（9）储存成本是每桶每月0.20美元。

安全库存方案的底线操作通过轻质原油月度价格来模拟。库存的初始值是零。模拟是从1986年1月到1999年12月底。库存将在1986年2月和4月进行补充，当价格下降的时候。没有进一步的变动发生直到1990年9月至11月，当一个库存释放发生时库存只有75万桶。库存将不会再补充直到1993年11月到1994年1月，到那时库存将完全补充。库存将一直保持满的状态直到期末。

这个方案，3个连续的月份有比较大的缩减（四分之三的每月消费，还有相关的三分之一权重）是当国际市场价格异于平常时。计划对价格产生的一个大的缓和效应。在14年期间，只有三个月价格上涨充分刺激库存缩减。然而，全球价格在1990年11月和1993年11月间迅速上升，这个国家并没有太多的预防措施。

这个计划的每月累计支出——在以期末当前市场价格评价未出售库存价值之前，包括购买、利息和存储成本并减去销售额——就是政府要确定投入这个计划中的最大资源量。在此期间，政府累计财务费用依据购买和出售变化。如果任何时候都存在库存量，这都可能为财务费用提供全部或部分补偿。期末政府的净成本是累计财务资金流出——也就是说购买减去出售，加上成本，减去未出售库存的收盘价。这个计划的财务问题在表6-3中显示。

---

❶某个时期对数价格的平均值为2.930，标准差为0.188。该对数价格的分布大致正常，单面正态分布1%的概率值是2.33。因此，关键的对数价格为（2.93+0.188×2.33）。

表 6-3 运行安全库存计划的成本和收益（1986 年 1 月—1999 年 12 月）

每月释放,桶	最大购买价格,美元/桶	卖出价格	最终政府净成本,百万美元	消费者受益,百万美元	最大融资需求,百万美元	期末库存,百万桶
750000	17	29	31.1	11.2	109.4	3.0

安全库存按计划进行，仅在三个月内进行库存释放。在这些月份中，平均消费者价格将是 3.7 美元，低于国际市场价格。在 1990 年 10 月，当国际价格达到 36 美元一桶的顶峰时，卖给消费者的价格是 30.70 美元。政府运行这个计划的最终净成本是 31.1 百万美元，然而消费者的全部收益却相对很小，为 11.2 百万美元。在期末政府的财务费用将达到最大值 109.4 百万美元，但是能够通过以当前价格出售库存来补偿部分费用。

6.3.2 安全库存和持续的价格上涨（2000 年 1 月至 2007 年 3 月）

第二个方案涵盖了一个时期详细地模拟了当价格上涨并持续一段时期维持高价的情况。在这种情况下，假定目的是给消费者提供一些援助但是要保持足够的库存以维持以后几个时期的需要。本文考虑了几种不同情况的运行方案。第一，最低限价设定每桶 35 美元并且最高限价是每桶 65 美元，给政府以低价买入和高价卖出的机会——但是不是一个极端价格，正如这个时期所表现的。在这个价格范围内，每月增长数额的三种不同销售策略应该考虑，范围在每月 15 万和 50 万桶之间。第二，两个额外的最低限价情况也应该考虑，一个处在购买价（每桶 40 美元）和售价（每桶 55 美元）之间较窄的范围内，另一个落在一个较宽的范围（在每桶 30 美元的购买价和每桶 70 美元释放价格之间）。其他因素在价格上涨模拟中是相同的。消费者价格是最低限价和国际市场价格的加权平均，权重大小由每月需要释放库存的规模决定。与在第一时期使用的一样，最高限价设定使用相同标准，最高限价将被设定为每桶 89 美元。

在基本情况下（35 美元和 65 美元），对于 15 万桶的销售数量，当第一次缩减发生时库存将在 2000 年的前三个月进行补充直到 2005 年 9 月发生变化。在 2006 年 1 月将会有进一步的库存释放，然后从 4 月份开始到 2006 年 8 月之间每个月释放一次。

不同假设情况下的方案财务表现如表 6-4 所示。在基本情况下（表中的前三行），有着每月最大数额的库存释放将给消费者带来最大的收益，并且政府能够以最高的价格出售最大的数量。这个方案已经超过 2007 年 3 月，表中第三个方案没有未来库存来对抗更高的油价。因为世界油价不会下降到最大出售价格每桶 35 美元以下，因此该计划将被停止运行以改变操作规则。

当释放库存量水平达到 25 万桶时，一个窄的价格范围将会给消费者带来更大的收益，然而一个较宽价格范围将至少能保护消费者。对于所有库存释放的三个价格区间，政府将发生较小数额的净成本或者甚至恢复一个净收益。

表 6-4　运行安全库存计划的成本和收益（2000 年 1 月—2007 年 3 月）

每月释放，桶数	最大购买价格，美元/桶	卖出价格	最终政府净成本，百万美元	消费者受益，百万美元	最大融资需求，百万美元	释放库存的月份数	期末库存，百万桶
150000	35	65	1.9	5.2	172.4	7	1.95
250000	35	65	−7.2	8.7	172.4	7	1.25
500000[a]	35	65	−24.8	13.4	172.4	6	0.00
250000[a]	40	55	0.9	24.0	168.5	12	0.00
250000	30	70	−1.0	2.31	182.7	4	2.00

a. 库存在模拟时期的期末耗尽。

第二种情况表明运行一项旨在改善消费者受高油价影响的安全库存，在价格上升的时期能够成功。成功的程度取决于在价格相对低的时候补充库存的能力，从而在以后以高价格获利。因而，消费者和政府能利用最大的每月库存释放量达到最大的收益。由于触动潜在的库存释放时还有几个月（价格高于 65 美元每桶），库存在 2007 年 3 月是空的。随后的油价历史，2007 年 10 月每月轻质原油平均价格达到 85.40 美元每桶，说明了当价格不稳定上升时在某一时期过早释放库存的危险。

6.3.3　两个时期的评估

无论该方案的预期目的是什么，油价的暂时性行为将是其成败的关键决定因素。该方案用来改善异常高价格的影响，所以在给定时期内这个价格发生的可能性是非常重要的。如果油价有一个固定的概率分布（有一个已知的均值和标准差），并且每个时期的值独立，然后便可对某一价格发生的概率进行准确估计并且在未来将继续有效。这个情况在 1986 年至 1999 年期间的模拟有所说明，并且极端事件的概率可以合理计算出。

虽然一个安全库存方案的设计是来应对极端价格并能够成功地改善高价格情形，但当价格围绕一个比较恒定的平均值波动时，不得不储存库存的时期可能非常漫长。如果发生补充库存，政府将在这个期间持有库存，除了价格高得离谱的几个月。此外，在这时，为了持有足够的库存以对价格产生显著影响，持有的存货量必需相当大。政府希望最高限价相对高些以期望获得足够资本收益来弥补方案运行的部分或全部成本。只有当国际油价足够高时国内倾向于最高限价的低油价的福利收益才是值得的。价格变化同样是以这种方式利用库存的有用性和成本效益的关键决定因素。当变化性特别高时，极端事件发生的可能性就增加，因此库存可能更为有用。当变化性很低时，库存使用的就比较少。如果价格围绕一个恒定均值波动，那么操作安全库存将不可避免地非常昂贵。

如果价格是不稳定的而不是回归均值，它们可能下跌或者升高，所以持有库存直到高油价时的一个方案在库存释放发生之前可能需要持续很长一段时间。政府面临越来越大的财务成本风险将比在价格回归均值的情形更高。

第二个例子说明了在大部分时期价格普遍上涨的情况。如果政府能够预见价格上升并且以较低价格购买库存，它可能利用从低价购买中获得的资本收益来弥补价格很高时给消费者降低的价格。这样的方案在价格普遍上升的时期完全是靠自身融资。运行这个方案的问题是当价格表现出上升趋势时要提前做出决策。

一个评估市场价格的可能趋势的传统工具是原油和成品油的期货价格，如第5章中阐述的。通常情况下，商品市场会交割延期，期货价格低于当前价格——但是有时，市场通常表现出期货溢价——期货价格高于现货价格，如果价差比较大，或者期货价格随着合约期限增长而急剧上升，这足以说明市场预期实际价格在未来将变得更高。基于期货市场的另一种意见是过滤跟踪历史价格，如第3章中阐述的。这种技术可以用来不断更新价格趋势的估计，当加入新的数据时，预测仍然需要做出价格路线的假定。当油价开始稳步攀升时，利用过滤（或者任何的移动平均方法）将对像2004年之前经历的情况有所反应。

模拟结果表明利用一套固定的规则来购买或者出售太有限制性了。在1986年和1999年之间规则是比较合理的，但是在1999年以后就完全不适宜了，因为他们绝不允许进行任何的库存购买，并且2000年期初遗留的库存将在价格大幅上涨发生前的2001年期初时消耗完。触发价格需要根据增长的预测平均价格调整，以对异常和高于平均趋势的价格变动提供缓和作用。

6.4 石油战略储备的国际经验

国际能源署的26个成员工业国家在2007年6月持有41亿桶的公共和商业原油与成品油；这相当于150天的净进口量（国际能源署2007）。其中，约15亿桶是专门的公共持有库存以应对紧急情况，而剩余的是工业持有库存用于应对政府持有库存不足以及商业性用途。

自从国际能源署成立以来，它就在两种情况下行动通过协调措施给市场带来额外的石油：对 1991 年海湾战争和 2005 墨西哥湾飓风的反映就是个例子。在飓风卡特里娜发生时（2005 年 9 月），国际能源机构成员国同意主要通过库存释放使得市场上有可用的石油，这相当于 6000 万桶油（事实上 2900 万桶来自公共库存，而另外 2300 万桶通过降低工业库存得到）。其他情况下的供应中断——像 2003 年早期，委内瑞拉和尼日利亚出现罢工和伊拉克战争爆发——国际能源署并没做出任何反应。

国际能源署之外的国家也建立战略石油储备。中国已经开始一个三阶段的储备方案建设（石油和天然气期刊 2007a 和 2007b）。第一阶段，在 2004 年到 2008 年之间要构建的是，库存满足约 13 天的石油消耗量（1 亿桶）；第二阶段，截至 2010 年将会增加到 2 亿桶；第三阶段，另外补充 2 亿桶。爱默生（2006）和石油和天然气期刊表明中国可能考虑使用战略石油储备来控制油价波动，同时进行石油储备以防止意料之外的油品供应变动。

6.4.1　美国

在 2007 年 10 月末，美国公共和私有的原油与成品油库存量达到 17.08 亿桶，这相当于 130 天的净进口量。其中，将近 7 亿桶原油是政府出资的战略石油储备。这个保险额度使得即使国际能源署没有颁布规定的紧急情况发生国家也能够灵活释放库存，如 1996 年的例子。美国在墨西哥沿岸附近盐区的存储容量有比较低的成本，能够实现低成本存储和有效的库存缩减。美国能源战略储备是由能源政策和安全机构运作的❶。在这种情况下，总统能够决定是供应短缺还是高油价影响了国家安全，如果是这样的话，就授权缩减库存。

没有解除库存通常在以下三种情况下发生（测试释放库存是一种小规模释放旨在考核系统的运行）：

（1）在 1990 年至 1991 年由于沙漠风暴或风暴释放库存 2100 万桶。

（2）在 1996 年至 1997 年由于非紧急性原因释放库存 2800 万桶。

（3）在 2005 年由于飓风卡特里娜释放库存 1100 万桶。

1996—1997 年的销售是为了当原油价格很高时帮助减少预算赤字。此外，贷款和商业间交易有 10 次，包括一个 3000 万桶原油交换燃料油以在美国东北部地区储存，在那时燃料油在当地的存储成本尤其低。然而，降低燃料油价格并没有引起从欧洲进口的额外增长，因而否定改善区域供应预期的效果。

---

❶有关说明，请参阅美国能源部石化能源办公室网址 www.fe.doe.gov。

6.4.2 日本

日本持有大约 170 天国内消费石油量的库存，大概 3.2 亿桶原油是国家储备，而私人部门持有 1.3 亿桶原油和另外 1.3 亿桶成品油。公司须持有相当于 70 天国内消费量的库存，这和国家的净进口量相同。日本因此也有权利在即使没有国际能源署命令的情况下灵活释放库存，同时保持其义务维持 90 天消费量的进口额。此外，在国家石油储备法下，私人部门可持有相当于 60 天的液化石油天然气的进口量。日本，根据其国际能源署的义务，在第一次海湾战争和飓风卡特里娜发生时释放部分私人部门库存。它这样做是以此减少私有部门持有的授权数量。

公共储存中部分储存在地下和船舶，这要比在地上储存更加昂贵但是能够抵御地震和台风等自然灾害。尽管私有部门的储备能够得到政府的部分补贴，但是对石油公司还是构成一个额外成本并且在市场进入时成为一个壁垒。日本严格按照国际能源署模型利用其储备，只有在国际能源署表明紧急情况发生时才允许减少其石油储备。

6.4.3 韩国

韩国也持有超过国际能源署建议水平的石油储备。如 2006 年 7 月，公共部门的储备量与 57 天的净进口量相等，而私有部门的储备量达到 69 天的净进口量。私有石油公司必须至少持有 40 天国内消费量的库存。韩国库存运行遵循国际能源署的指导。另外，由韩国国家石油公司控制的公共储备利用掉期交易和私有部门交易石油以降低储存成本并保持储备处于流通状态。石油公司不可避免地要对一批石油储备给用户付费（额外费用），石油储备在规定期限内必须回购。

6.4.4 评估

到目前为止，政府持有或者委托私有部门持有的安全库存已经作为一种保险持有，以防止突发的供应中断。这种经验的一个例外是美国政府在 1996 年至 1997 年度利用石油储备来降低油价。然而，可能是现在国家建立安全储备将考虑它们在异常高油价时能用于稳定国内油价，尽管这种情况和突然供应的中断无关。

根据国际能源署的经验，该方案取决于国际能源署监管委员识别的实际或潜在的供应中断，表明以这种目的持有储备的方案将很少被使用。对于高收入国家，运行和补充很少发生的安全库存的成本将是能支付的。对于低收入国家，另一方面，这个成本可能非常高，并且持有的天数可能需要低于国际能源署规定的 90 天。

利用库存平稳极端价格事件模拟表明了在价格上升期间这种策略最有可能成

功运行并以较低的成本操作。相反的，在价格下降期间这个方案可能会非常昂贵。由于油价的趋势非常难预测，任何考虑为这种目的而使用库存的政府都可能被方案可能发生的极其不确定的成本和收益所劝阻。

7 价格平稳方案

许多国家的政府都为理顺国内成品油价格进行了各种尝试和努力,其中有两个不同的价格调控方法被广泛使用,一种是在价格过高时实行价格上限,一般可通过降低产品的税率,或提供直接补贴来实现。而通过损失政府收入或增加财政负担的"削减国际价格顶端"方案不仅能有效地降低一段时间内支付的平均价格,还能达到减少波动的双重结果。第二种方法是这样一种方式,即通过一段时间的自负盈亏以控制价格。对于第二种方法而言,当国际市场原油价格高于一些上限阈值时,政府则采取措施以降低国内价格;相反,当国际油价低于预定价格下限时则保持国内最低价格。国际市场价格较高时的维系成本可通过国际低价格期间的额外收益来满足。价格平稳方案的运作方式类似于一个虚拟的安全库存,但它不仅在应对价格高峰时发挥作用,而是旨在不断降低任何价格波动幅度。价格上限和下限越接近,国内实际的价格将越稳定。

价格上限方案和价格平稳方案的关键是目标价格。对于价格上限而言,其目标价格是政府认为市民在那一刻可接受的最高价格水平;对于价格平稳方案而言,它是周围的市场价格平稳时的价格。在这两种情况下,目标价格可以根据市场情况,随着时间的推移演变。事实上,价格的平稳方案必须遵循市场的条件,这样才不会在国际市场价格不断上升的条件下出现持续赤字。

有几种方法可确定价格稳定方案的最高价和最低价,以及确定用于减少目标价格附近国内价格波动的价格区间。费德里科,丹尼尔和宾厄姆(2001)对这些方法都有详细的描述;勒克莱尔(2006)通过对美国的税率进行方差变换也提出了自己的方法。

(1) 价格的平稳方案可通过以下三个成果进行判断:
(2) 国内价格的波动减少;
(3) 国内物价总体水平任何程度的降低;
(4) 财政成本或放弃的收入。

对于这些成果的大小,可通过分析价格平稳方案不存在的情况下的国内价格来进行评估。如果以实际数据进行计算,就需要整个产品定价结构的详细信息,以使国际价格与国内价格在产品价格链中实施价格控制的确切点(炼油前价格、批发价格或零售价格)进行对接。

7.1 设定目标价格

面对国际油价稳步上涨,一些发展中国家对部分或全部石油产品实行了价格补贴(Bacon 和 Kojima 2006,IMF 2007)。面对自 2004 年以来石油价格普遍上涨的情况,一些国家没有使用价格上限,或仅对某些燃料有限价,也纷纷推出或扩大现有价格调控方案。国际市场价格的持续上升使得财政成本不断增加,因此,一些国家最近推翻了这一决定并放弃过于昂贵的价格补贴。与这些方案有关的一个特殊问题是,价格上限属于个例,与国际价格没有系统化的关系。这种方法会使上限价格产生一个增速低于国际价格的趋势,且随着国际价格的持续上涨,提高单位补贴会加重财政总成本。

政府在公开或非公开地进行价格调控时常采用跟踪国际市场价格变动的方式,即使有时这些价格不能完全将信息传递给消费者。这种做法往往会限制补贴总额的大小,并给消费者提供一个信号,即石油成本已经上升且他们应该相应地调整自己的消费。跟踪国际原油或成品油价格变动的方法一方面限制了国内价格的波动,同时也需要一个内置的稳定机制。稳定价格措施是激进还是保守取决于考虑的产品范围和在不同收入水平的家庭中对这些产品的支出占总支出的份额。例如,只稳定汽油价格将会使发展中国家中富裕的社会成员受益,因为穷人们普遍没有自己的汽车或不使用汽油。

在对价格进行调控的时候主要有两种方法:

(1)第一种方法(半自动方法)是根据目前的市场经验设置一个"合理"的价格,然后定期评估目标价。当国际价格已经上涨了足量的幅度且经过了足够长的时间期限时,则设置一个新的价格。这种方法会产生一系列不定期的分步式变化,但是,只要政府对新的更高的价格反应及时充分,财政负担应该不会额外增加。

(2)第二种方法是使用全自动的定价方案,通过不断评估国际油价来定期确定新的国内价格。评估周期可以为每天、每周、每月或者更长。一旦评估期间和方法确定,就可以对国内价格进行相应的调控。

一种旨在跟踪国际油价的总体水平的成功方法通常都是建立在一些过去的实际价格(在某些时候也可能是期货价格)移动平均的基础上,这样的价格波动会更低。最简单的方案是使用以前价格的移动平均。例如,在制定每月价格时,目标价格可能是过去 3 个月的平均价格。这确保了目标价格能反应最近的价格变动。此外,3 个月以上的平均价格比日价、周价和月价都更平稳。月数越多,平均时间越长,变动幅度就越小。然而,在国际市场价格稳步上升(或下降)时,平均周期越长,当前的国际价格和移动平均价之间的差异就越大(图7-1)。

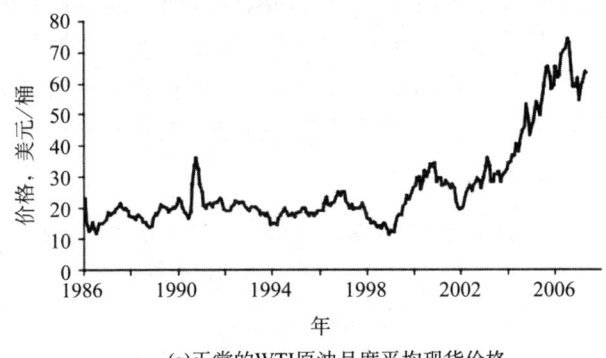

(a)正常的WTI原油月度平均现货价格

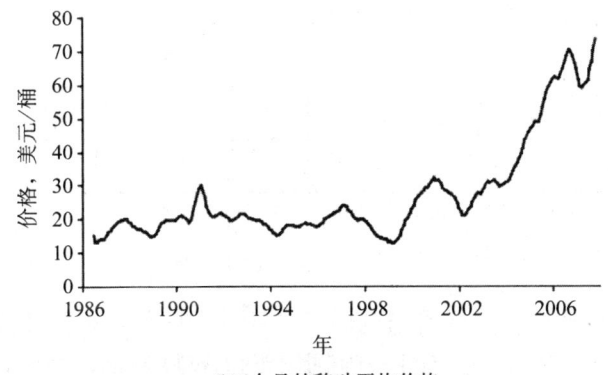

(b)6个月的移动平均价格

图7-1　WTI原油月度和6个月的移动平均价格

资料来源:美国能源信息署2008a和作者计算

6个月的移动平均价格是目前现货价格在过去连续五个月价格的平均数

这种方法的一个延伸,是利用期货市场的数据来更好地反映执行调控价格时的价格情况,可使用当前不同到期日的期货合约的平均数来反映(见附录6的价格平稳公式)。除美国和英国外(这两个国家也只存在小范围的期货产品),期货产品市场的缺失限制了这种方法的适用性。

表7-1提供的统计摘要描述了基于不同系列的对数回报的各种价格稳定公式的波动性。根据以往的数据确定3个月和6个月的移动平均数,同时也构建了基于未来3个月的3种不同的期货合约的数据系列,以及另一个基于3个月移动平均的平均和3个月期货合约平均价格的数据系列。回报的标准差(乘以100时近似于百分比变化)衡量的是该系列的平均波动,标准差的最高和最低值反应波动的极端情况,时滞越大时计算的移动平均将大幅降低该系列的波动。相较于现货

价格的标准差，即平均每月变动 8%，三个月移动平均标准差为 5%，6 个月的为 3.5%。最高的每月价格波动也由于平均大幅减少。现货价格有近 40% 的最大月度增幅，而 6 个月下来有平均 13% 的最大增幅。基于不同合约期限（1、2、3 个月）对期货价格回报进行平均，得出的结果具有同现货价格同样的波动性，而前三个月的现货平均价格，以及 3 个月到期的期货价格，同现货价格的 3 个月移动平均比起来显示出可比的波动性。

表 7-1　WTI 原油的移动平均价格和期货价格的统计波动汇总
（1986 年 6 月—2007 年 10 月，返回按当年价格计算）

统计量	当月的平均现货价格	3 个月的平均现货价格	6 个月的平均现货价格	1、2 和 3 个月的期货合约价格的平均值	3 个月的期货合约价格和 3 个月的现货价格的平均值
平均值	0.0072	0.0068	0.0061	0.0051	0.0070
标准差	0.078	0.050	0.035	0.073	0.052
最大值	0.392	0.238	0.125	0.285	0.227
最小值	−0.209	−0.150	−0.082	−0.329	−0.168

资料来源：美国能源信息署 2008a 和作者计算。
注：收益是基于不同的价格，美元每桶。

平稳方法的选择影响公式价格与同月的实际国际价格之间的差异，这反过来又影响经营平稳方案的成本。对于一个国家进口 WTI 原油，某个月份的调控价格要在这一个月开始之前确定。例如，使用 3 个月的移动平均的方法，12 月的定价要在 9 月、10 月、11 月的实际价格的基础上进行确定。由于时滞不可避免，就会产生一种基本风险，即最近期的实际信息没有被考虑在内，在这段时间内，滞后的三个月的移动平均导致的国际现货价格和调控价格的差异不断累积，产生了政府以这种方式设置市场调节价的累积成本。

图 7-2 阐明了以分别滞后 3 个月和 6 个月的移动平均线的定价方案为基础的一桶原油的累积成本。从 1986 年到 1999 年，该方案运作良好，累积成本在零附近波动。从 2002 年起，国际市场价格稳步上升，意味着调控价格基础上的移动平均线是不断落后于国际价格的，这导致政府的累积成本越来越大——尽管调控价格本身也在大幅增长。到了 2007 年 10 月，使用每 3 个月的移动平均达到每桶累积成本 132 美元，而使用 6 个月的移动平均达到 220 美元，因此较长时间的移动平均线明显落后于在一个时间上不断上涨的物价。到每桶价格 128 美元的时期结束时，调控价格在滞后 3 个月的移动平均的平均和 1 个月至 3 个月的期货价格平

均的基础上,就会产生一个政府的累积成本。

比较两个以过去的现货价格为基础的移动平均方案表明,通过一段时期的分析,移动平均线越长波动性越低,而政府基于移动平均的调控价格的费用则更高。基于对过去 3 个每月现货价格和 3 个每月期货合约价格的平均值的使用,得到了与仅以过去 3 个月现货价格为依据的方案几乎相同的波动和财政成本。未能通过增加期货价格以改善移动平均线的性能表明期货合约价格和时间现货价格之间的薄弱环节已经出现在交货时了。

常用来描述历史数据移动的平滑滤波,如在第 2 至第 4 章中讨论的 Hodrick-Prescott 滤波,是另外一种平滑价格的方法。在一段时间内,使用滞后平滑系列来代替当前的目标价格将导致 110 美元每桶的累积赤字。尽管直到 2004 年原油价格未曾开始急剧增涨,但是使用移动平均线的物价上涨方案导致了价格长时间逗留在为赤字融资的调控价格上。使用 3 个月的移动平均,使得方案在 1988 年 12 月到 2007 年 10 月期间发生频繁的赤字〔图 7-2 (a)〕。使用 6 个月移动平均,则该方案自 1994 年 4 月开始一直在赤字〔图 7-2 (b)〕。

LeClair（2006）指出,如果消费者了解价格的制定机制,他们可能会调整自己的消费行为,通过改变需求来影响市场上的国内价格水平。此外,在短期内需求价格弹性是零以上,通过一个公式来使价格放缓将导致比在没有监管的情况下出现更高的需求,这将不得不发生对政府税收的第二轮影响。

Federico,Daniel 和 Bingham（2001）对移动平均线规则进行了更深入的研究,考虑到了价格管制壁垒的上限和下限。目标价格是通过某种形式的移动平均方案,并围绕这一目标的上限和下限来确定的。调控价格等于国际价格,只要后者处于上限和下限之间。如果国际价格在规定的区间之外,规定的价格等于设定的上限（或下限）、国际价格和规定的价格之间的差额,依靠减税（增税）或补贴增加（减少）来筹资。该方案的一个版本使用移动平均价格为目标,建立一个区间在这个目标的 $\pm x\%$。这保证了上限和下限的价格随着目标价格变动。如果 x 的值被设置为零,这将对应的是上面所描述的简单移动平均调控价格方案。

在接下来的说明中,目标价格设置成在以前时期所确定的 WTI 原油价格的 3 个月的移动平均值,而浮动的上限和下限的价格则是分别高于和低于这个水平 10% 和 15%。每当原油价格高（低）于目标价格的上限（下限）政府就会通过减低（增加）的税率进行干预。方案模拟从 1986 年 4 月至 2007 年 10 月,是以此计算每个月一桶石油消费的累积财政成本,结果如表 7-2 所示。

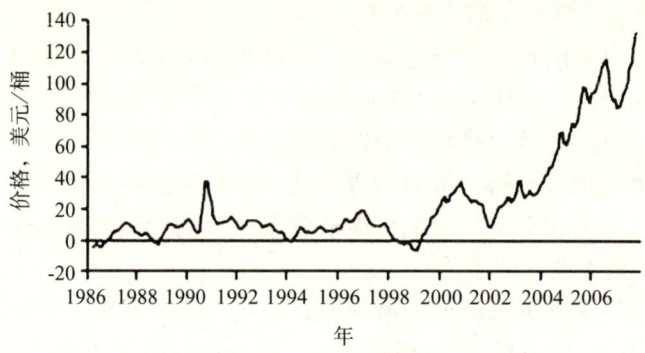

(a)滞后3个月的移动平均线,1986年4月—2007年10月

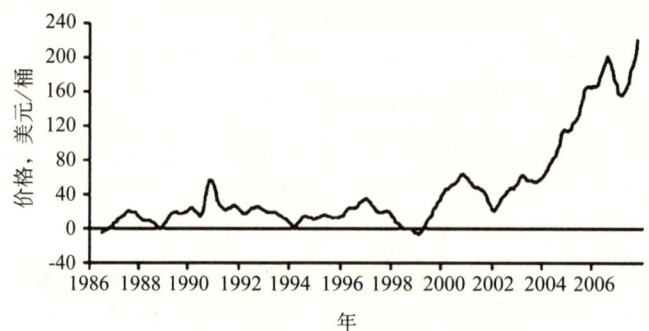

(b)滞后6个月的移动平均线,1986年7月—2007年10月

图 7-2 累积成本调整原油的价格

资料来源：美国能源信息署 2008b 和作者计算

表 7-2 三种不同价格区间的月平均 WTI 价格调节的财政成本
（1986 年 4 月—2007 年 10 月）

参数	0%	±10%	±15%
每桶累积成本，美元	132	37	26
价格回报率标准差	0.050	0.062	0.070

注：收益是基于不同的对数价格美元每桶。

结果表明一个基于移动平均价格，但也有上限和下限的包含极端价格的浮动方案，将会降低干预的成本。区间越宽，政府干预的成本越低。然而，价格区间越宽，规定的价格就越不稳定：在大部分时间里，调控价格将等于实际的国际价格，而上限和下限将是在一个较短的时间里发挥作用。

大多数国家的政府希望价格平稳，所关心的是石油产品对最终用户的价格。价格平稳方案的机制，部分取决于产品是否受制于当地市场的税收，或者取决于产品是否获得显性的或隐性的补贴。在许多国家，成品油是财政收入的重要来源，受制于销售税（或增值税）和一个额外的消费税。税收结构是可以改变的，以减少最终的价格，提供大于所需的补贴的税率。由于营业税往往具有跨商品的普遍性，所以消费税是最有可能被改变的。

进口的石油产品的价格通常会以美元定价，但需要移动平均价格基础上的光滑方案的则以当地货币定价。这将会有效地抚平汇率波动。下面将描述肯尼亚和加纳的案例，说明平滑以当地货币进口的产品的价格的影响。

1986年到2007年期间，肯尼亚先令兑换美元的汇率不断波动，由于货币贬值没有突然的变动，1986年1月肯尼亚先令对美元的汇率是16.3，2007年8月，这一比率为66.9。该仿真假设石油产品是从波斯湾进口的，因此，能源情报（2008）所报的价格依据的是海湾价格。作为对比，也对迪拜原油的价格进行了分析。表7-3展现了进口产品根据不同的移动平均线、美元和当地货币的波动性措施。

表7-3 基于不同的移动平均价格的肯尼亚的进口石油产品的回报标准差
（1986年6月—2007年9月）

燃料类型	美元			先令		
	当前每月值	6个月的平均数	3个月的平均数	当前每月值	3个月的平均数	6个月的平均数
原油	0.083	0.056	0.037	0.089	0.060	0.040
汽油	0.081	0.050	0.033	0.087	0.054	0.036
瓦斯油	0.094	0.059	0.041	0.100	0.063	0.045
航空煤油	0.112	0.066	0.046	0.116	0.069	0.049
残余渣油	0.129	0.076	0.051	0.132	0.078	0.052

注：收益是基于不同的对数价格，美元每桶或先令每桶。

依照WTI原油的情况，移动平均的时间越长，所有燃料类型的波动就越小。当以本地货币衡量所有的产品和价格平均水平的时候，波动率就会略高。事实上，汇率波动0.033（基于月度收益）比以美元计算的石油价格小得多，因此，这额外的组成部分对当地货币的波动影响较小。

就加纳来说，在这个时期汇率变动较大。1986年1月，80赛地可以兑换1美元；到了 2007 年 8 月，这一比例已经达到 9300 赛地兑换 1 美元。加纳的产品和原油的相关市场被认定为处于欧洲西北部，所以产品价格采用鹿特丹的价格，相关的原油被视为布伦特原油。表 7-4 展示了对加纳的波动性措施。

表 7-4 基于各种移动平均价格的加纳的石油进口产品的回报标准差
（1986 年 6 月—2007 年 9 月）

燃料类型	美元			赛地		
	当前每月点数	6 个月的平均数	3 个月的平均数	当前每月点数	3 个月的平均数	6 个月的平均数
原油	0.088	0.056	0.038	0.090	0.060	0.043
汽油	0.094	0.059	0.040	0.101	0.066	0.047
瓦斯油	0.086	0.055	0.039	0.091	0.062	0.046
航空煤油	0.087	0.057	0.040	0.092	0.063	0.047
残余渣油	0.113	0.067	0.047	0.116	0.073	0.053

注：收益是基于不同的对数价格，美元每桶或赛地每桶。

在加纳的波动模式与表 7-3 所显示的肯尼亚的情况非常相似。当地汇率波动高于美元，但差别很小。再次，较长时间的移动平均数在所有的情况下减少了大幅度的波动。

7.2 价格平稳案例研究

以智利和泰国的案例进行说明，不同的方法使得成品油零售价格趋于平滑。最近智利运用了一个明确的目标价格公式，并围绕着这个目标价格的最大浮动设定了最低和最高价格。目标价格是根据国际变动的平均价格设定的。相比之下虽然泰国没有使用明确的公式，但是它使用不同的税率和补贴来限制零售价格。

为了缓和国内的汽油、柴油、煤油、液化石油气和燃料油的价格。智利政府于 1991 年首先成立了石油价格稳定基金。该计划的运作是由 Valdes (2006) 和 Libertady Desarollo (2006) 描述的。该基金包括三个方面的内容：

（1）从 1991 年到 2000 年，价格是根据平均历史价格和长期预期价格制定的，税收保持在一个固定水平上，而调整是在特设的基础上做出来的。该基金所拥有的资源使得它能够在必要的时候为国内价格提供保障。当石油价格保持相对稳定时，该体系运行良好，从基金中的提款能有现金流入来平衡。然而，在 2000 年的国际油价上涨时需要对基金运行进行修订。

（2）从第二方面来看这个基金，每周都对监管价格进行设置。依据专家对未来石油价格以及补贴限额的考虑，该基金可以以目前价格维持12周。目标价格的计算是为了反映基于 2～10 年的未来预期价格基础之上的中长期国际石油市场价格。价格的上限和下限被设定在目标价格的 12.5% 之内。自 2004 年油价持续上升意味着该基金由于当时的"卡特里娜"飓风以及 2005 年八九月份的石油价格骤涨而几乎用尽。

（3）残余渣油价格稳定基金成立于 2005 年 10 月，从智利的铜矿基金处得到 1000 万美元的初始基金，用于确定目标价格和价格上下限的新机制的实施，新的目标价格是基于到近日的长达 52 周的实际价格，以及半年后交货时的期货合同价格。平均的变化长度是不同的，但是一个特定的选择是不得少于四周。干预价格被紧缩于目标价格的 5%～12.5% 之间。基金运作被扩展过两次，在 2006 年 7 月到 11 月间，由于国际价格超过了价格上限，所以该基金发放了信贷，之后在 2006 年 9 月到 11 月间当国际价格低于价格下限时该基金征收个人所得税，考虑到这 22 周的汽油价格，该基金 8 周用于支出，征收了 11 周的税，当国际石油价格处于在价格上限和下限之间时，有 3 周什么都没有做。早在 2008 年智利政府向基金中注入 200 万美元用于降低价格。

在智利，规则的演变控制着石油产品的价格，通过使用石油价格稳定基金和残余渣油价格稳定基金，说明了一些与价格平稳计划相关的主要问题。使用长期移动平均线，在国际石油价格相当稳定时是比较成功的。一旦波动较大时，国际石油价格稳定基金就不能支撑该计划了，使得平均移动线变短以减少该基金中一系列大量取款的机会。同时，使用更广的尺度来调节波动性，这意味着，大多时候，价格不能被调节，而是随着市场价格波动。在 2007 年价格急剧上升的时期，残余渣油价格基金中引入的严格价格区间将减少其波动性。由目标价格决定的移动平均线将导致该基金长时间的支出。从该章前面的计算报告中，可以体现出使用一个平均的基于部分期货合同的价格，不能保证避免低估在此期间的真实的国际石油价格水平。

Bacon 和 Kojima（2006）描述了泰国在封顶和平滑石油价格方面的经验，早在 2003 年 2 月，只有液化石油气才能得到石油产品的补贴。这是国家石油基金通过对其他石油产品征税而进行的资助。在当时，该基金有 96 亿美元的赤字。面对伊拉克战争造成的石油价格及石油产品价格飙升这样的预期，政府再次对其他产品进行补贴，然而这些产品在 2003 年被逐步淘汰。在 2004 年 1 月，面对原油价格的温和上涨。该政府在最初的两个月重新引进了一个价格上限，期待价格上涨是短期的以及政府的支出最大成本将为 5 亿美元（在当时是 128 万美元）。2004 年 10 月汽油价格的补贴被取消，但是对柴油的更大的价格补贴一直持续到 2005

年 7 月。的确在 2004 年 1 月到 2005 年 2 月柴油价格实际上被冻结。与此同时补贴计划被放弃，该计划的总成本达到 92 亿美元（当时价格是 2.2 亿美元）。此后，石油基金通过对石油产品征税使得累积赤字逐步减少（不包括液化石油气）。到 2007 年 9 月该基金几乎已经恢复平衡（图 7-3），这些税款可以用来支持其他的发展目标，而不是用于偿还过去补贴给石油产品消费者产生的赤字。

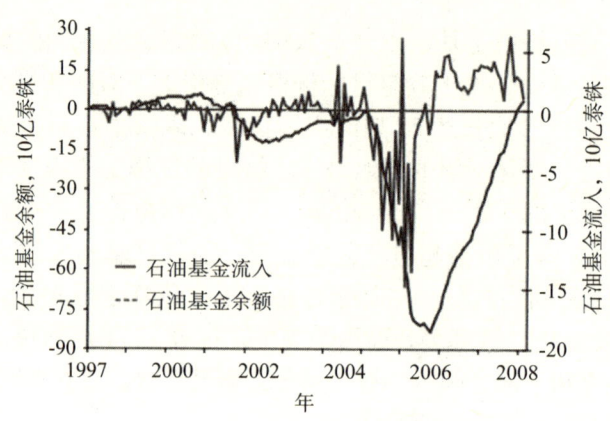

图 7-3　泰国石油基金的财务状况

资料来源：EPPO 2008

1997—2007 年间，1997 年的泰铢波动比美元低 31.36，2001 年则比美元高 44.43

如图 7-4 所示，在 2002 年至 2007 年之间实际零售柴油价格，与具有相同的税收结构和销售利润的假设价格已经浮现出来，但是没有从石油基金中获得资助。

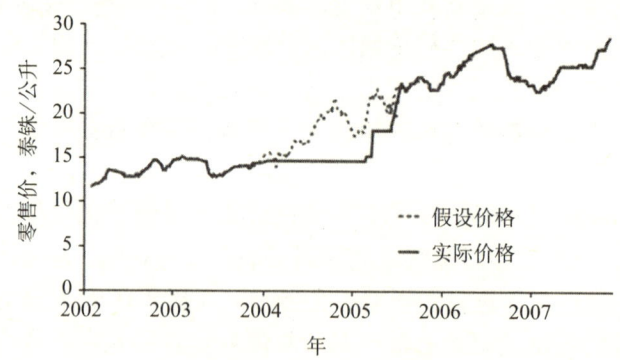

图 7-4　泰国的实际和假设柴油价格（2002 年 1 月—2007 年 9 月）

资料来源：EPPO 2008 和作者计算

图 7-4 说明价格围绕固定水平且过度平滑的危险。在国际价格快速增长的时

期，国内的固定价格将导致财政成本迅速上升。即使受管价格在一些情况下上涨，但也将跟不上国际价格的步伐，受管价格也会出现一些剧烈的上涨。在2005年3月，柴油价格每升上涨了3美元（上涨20%），远远大于以往任何一周的变化，这可能会出现价格不受管制的情况。一个移动平均目标价格也会滞后于国际价格，但是累计成本并不需要如此快速的增长。固定价格的危险很难改变，只有面对不可持续的融资压力时政府才感觉到应该将一些成本转嫁到消费者身上。

7.3 评估

面对石油价格的大幅上涨，一些国家政府寻求保护消费者免受石油成本以及波动性上涨的影响。平滑价格方案是基于现货和期货的移动平均线，能更好地减少消费者价格的波动性。当没有强烈的趋势强调国际价格时，长远来看这样的方案运行不会对政府造成财政负担。然而，即使在这样的情况下，石油价格模式的改变在计划运行方面可能导致长时间的赤字，这将在政治上难以获得支持。

移动价格线的选择在方案中是非常重要的。价格线越长，该方案在持续的价格上涨期间就越脆弱，但较低的平均价格会引起监管价格波动。几个期货价格合并的移动平均价格在该计划跟踪现货价格总体水平以及同时减少波动方面的能力表现出很小的差异。

该方案围绕移动平均线引入了价格上下限，这能够提供一个在减少支持政府成本同时能减少相对于国际价格的波动性的很好的交易，价格区间越宽，支持的成本就越少，但是国内价格的波动性就越大。

该方案在特设的基础上设定了价格上限，在国际价格增加的时候有大量的迅速增加的赤字存在。因为政府没有被迫使用一个明确的公式来不断修正受管价格。一个不经常改变的受管价格可以减少波动性——至少在短期是这样的，但是会导致一些变化，当政府定期的被迫重新制定规定价格时，价格的变化将会很大。当规定的价格高于国际价格时，赤字的融资方案不是为了获得任何提升，如果价格持续稳定增长面临单方面的风险，将会存在永久的赤字，这将不得不通过其他税收来融资。

其他旨在减少石油价格波动影响的计划，出现小段持续的石油价格上涨，这在很大程度上是不可预见的，并可能导致该计划最终的失败以及给政府带来大量的财政负担，最终承担的将是普通大众。

8 石油消耗强度和多样化的解决

前几章主要讨论了降低油价的波动性或者未来油价波动的不确定性的措施。本章主要考虑如何通过减少石油消费从而控制油价波动，进而降低石油消费的相对重要性。如果一国的石油消费与其 GDP 越相关，那么油价对经济的影响就越深入，对油价的依赖程度越高，由于消费者或交易引起的既定程度油价变化对油价波动性的不良反应越严重。因而，可以通过降低原油的需求量使得作为 GDP 一部分的石油消耗的重要程度相对降低。主要通过以下几个措施来实现这一目的：

（1）提高石油消耗的效率。例如，提高车辆燃油的经济性，或者提高以柴油或燃油为燃料的发电厂的效率。

（2）限制消耗石油的各项活动。例如，控制车辆的使用，在夏天为空调安装自动调温器。

（3）原油以外能源的多样化利用。

抑制需求的措施可以通过劝告、激励、颁布法规，或者定价机制（如使驾车更贵）来实施。Bacon 和 Kojima（2006）提供了更多详细的例子以及截至 2006 年上半年的国际经验回顾。本章通过回顾石油消耗在 GDP 中份额、石油强度以及能源多样化的国际化趋势进一步补充完善研究。在本章中原油代表三种特定的原油组合：布伦特原油、迪拜原油、西得克萨斯州中级原油。

8.1 石油消费占 GDP 比重及石油消耗强度

在本书中原油占 GDP 比重定义为以美元计价的石油消费占 GDP 的比重，同时油价为以美元计价的布伦特原油、迪拜原油、西得克萨斯州中级原油的市场均价。为了方便计算，进口国的货运费并不计算在内，因此此时的计算结果有可能低于用于原油的实际支出。对于国内市场中以低于国际油价的价格提供原油的石油生产国，原油的市场价格是放弃的机会成本而不是实际支出。

2006 年有 163 个国家的石油消费能从美国能源信息管理局获得。尽管 2005 年和 2006 年的消耗量数据是估算值，这些数据将来可能需要修订，但他们为各国的立场提供了一些迹象可考。表 8-1 列出了 2006 年石油消费占 GDP 比重的分配。半数的国家石油消费占 GDP 的比重超过了 6%，10% 国家的比重超过了 15%，4% 国家的比重超过了 20%。

表 8-1　2006 年石油消费占 GDP 比重

参数	比重小于						
	1	2.5	5	7.5	10	15	20
国家数量	2	19	72	103	124	147	157
国家所占比重 a	1	12	44	63	76	90	96

数据来源：美国能源信息署 2008b 和作者统计。

注：原油占 GDP 比重定义为以美元计价的石油消费占 GDP 的比重，同时油价为以美元计价的布伦特原油、迪拜原油、西得克萨斯州中质原油的市场均价。

a. 来自于 163 个国家的统计。

图 8-1 是所选国家从 1980 年起石油消耗占 GDP 比重的历史平面图。中国、日本、肯尼亚的石油消耗占 GDP 的比重在 1980 年是最高的，此时原油价格剔除物价因素在这个时期是最高的。在数据可考的国家中超过三分之一的国家 1980 年石油消耗占 GDP 的比重是最高的，这点在后面也将进行展示。包括约旦和几内亚在内的大部分国家的比重最高点是在 2006 年。

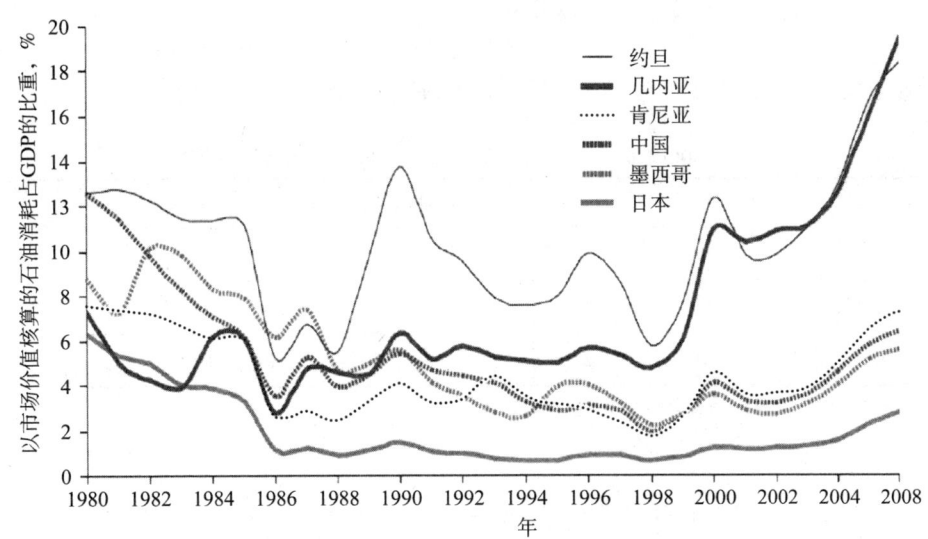

图 8-1　选定国家石油消耗占 GDP 比重的历史平面图

数据来源：美国能源信息署 2008b 和作者统计

表 8-2 以 1980 年可获得的 135 个国家的数据来计算从 1980 年或者 1981 年到 2004 年或者更晚年份的石油消耗占 GDP 的比重。这个图标将最大或最小比重出现时的数据进行统计。大约半数国家 1980 年或 1981 年的石油消耗占 GDP 比重

最高。然而将近40%的国家2005年或2006年的比重是最大的。毫无意外的是在世界油价扣除物价因素在1998年达到最低值时，80%的国家的石油消耗占GDP的比重同时达到了最低。

表8-2 1980—2006年选定年份石油消费占GDP比重最大和最小值统计

参数	1980年	1981年	1986年	1988年	1998年	2005年	2006年
石油消费最大国家数量	50	15	0	0	0	10	43
消耗量最大国家所占比重，%	37	11	0	0	0	7	32
石油消费最大国家数量	2	0	16	16	80	0	0
消耗量最大国家所占比重，%	1	0	12	12	59	0	0

数据来源：美国能源信息署2008b和作者统计。
注：所示数据以1980年可获得的135个国家的数据来计算从1980年或者1981年到2004年或者更晚年份得来。图表中仅例举出比重为最大值或最小值的国家，这些国家至少有10年的数据是可用的。

石油消费占GDP比重主要受两个因素的影响：与GDP相关的消耗量以及油价。前者与石油消耗强度相关，这里用石油消耗的桶数除以2000年以美元计量的GDP值。由于结果太小，所以将其乘以1000；也就是每1000美元GDP（2000年）值所消耗的原油桶数。表8-3列示了2006年石油消耗强度的分布。

表8-3 2006年每1000美元GDP（2000年）所消耗石油桶数

项目	石油消耗强度小于						
参数	0.1	0.25	0.5	0.75	1.0	1.5	2.0
国家数	1	3	15	32	66	103	120
国家所占比重 [a]	1	2	9	20	41	64	75

数据来源：美国能源信息署2008b和作者统计。
a. 来自于160个国家的统计。

以从1980年、1981年到2004年或更晚之间可获得数据的132个国家为基础，对每年的石油消耗强度进行计算。图8-2所示是选定国家石油消耗强度的历史性演变。许多国家的石油消耗强度已经普遍降低。然而，某些国家最近几年却提高了。

表8-4对石油强度达到最高和最低水平的数据进行了统计。几乎半数国家的石油强度在1980年到1984年间观测到了最大值。然而将近四分之一的国家这段时间同时也观测到了石油强度的最小值。41个国家的石油消耗强度在2006年达

到了最低值，与随着时间的推移降低的规律一致。47%的国家（共63个）的石油消耗强度在2005年、2006年其中一年或两年全都超过这期间石油强度的90%。有25个国家石油消耗强度在这期间达到最高点。

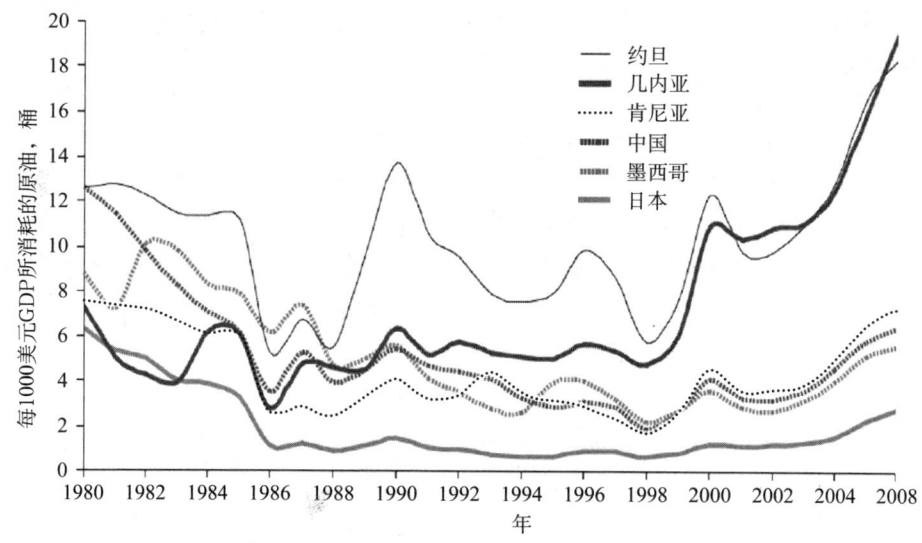

图 8-2　选定国家石油消耗强度的历史演变

数据来源：美国能源信息署 2008b 和作者统计

表 8-4　1980—2006 年选定年份石油消耗强度的最大值和最小值

参数	1980年	1981年	1982年	1984年	1987年	1988年	1999年	2000年	2001年	2006年
最大值国家数	42	6	9	4	2	2	2	3	6	5
国家所占比重	32	5	7	3	2	2	2	2	5	4
最小值国家数	10	6	5	8	7	7	6	6	2	41
国家所占比重	8	5	4	6	5	5	5	5	2	31

数据来源：美国能源信息署 2008b 和作者统计。

注：所示数据为在 1980 年或 1981 年存在的 132 个国家，同时一直到 2004 年为止数据是可获得的。这些年中只有至少 6 个国家的石油消耗强度达到最大值或最小值的年份才在上表中列示。

因此，可以认为 1980 年和 1981 年的高石油消费占 GDP 的比重是由高油价和石油消耗强度引起的。然而，有些国家在 2005 年和 2006 年石油消费占 GDP 的比重较高，如果忽略石油消耗强度的下降，则证实了高油价的恶化影响。

8.2 相对价格水平和价格波动

不同燃料之间的价格关系在考虑其是否多样化以及多样化程度时是十分有用的。极端情况下如果各种能源之间的价格是完全相关的，那么两种能源之间的价格波动也会很相似。图 8-3 展现了从 1983 年 1 月份开始每个月的澳大利亚煤炭现货价格、原油价格、欧洲天然气价格（引进石油产品附带天然气的平均合同价格）和美国天然气价格（路易斯安那州亨利交易中心现货价格）。图中所示价格为以百万英国热量单位为基础每单位能量以美元计价的价格。值得注意的是现货市场的煤炭交易量大约占全球煤炭交易量的 10%；剩余的主要是以更低、更稳定的价格为基础的长期合同交易。

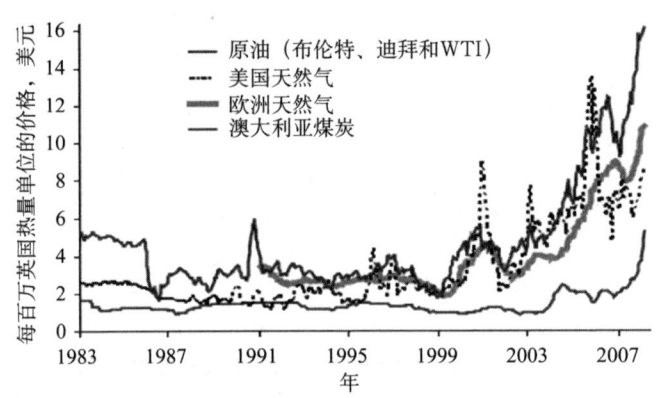

图 8-3　原油、天然气、煤炭历史价格

数据来源：世界银行经济前景预期组

目前煤炭的价格是最低的，最近几年煤炭与原油和天然气价格之间的差距越来越大。也就是说，煤炭的价格在最近数月中急剧增长。表 8-5 列示了从 1983 年 1 月到 2007 年 12 月之间不同时间段里，各种燃料之间的价格关系。

表 8-5　燃料价格关系表

时间段	燃料	澳大利亚煤炭	原油	欧洲天然气	美国天然气
1983—2007 年	澳大利亚煤炭	1.00	—	—	—
	原油	0.79	1.00	—	—
	欧洲天然气	0.74	0.96	1.00	—
	美国天然气	0.51	1.00	1.00	1.00

续表

时间段	燃料	澳大利亚煤炭	原油	欧洲天然气	美国天然气
1983—1999 年	澳大利亚煤炭	1.00	—	—	—
	原油	0.39	1.00	—	—
	欧洲天然气	0.70	0.47	1.00	—
	美国天然气	−0.22	0.21	−0.11	1.00
2000—2007 年	澳大利亚煤炭	1.00	—	—	—
	原油	0.85	1.00	—	—
	欧洲天然气	0.75	0.95	1.00	—
	美国天然气	0.48	0.63	0.62	1.00
2000—2003 年	澳大利亚煤炭	1.00	—	—	—
	原油	−0.19	1.00	—	—
	欧洲天然气	0.41	0.37	1.00	—
	美国天然气	0.08	0.55	0.64	1.00
2004—2007 年	澳大利亚煤炭	1.00	—	—	—
	原油	0.54	1.00	—	—
	欧洲天然气	0.27	0.89	1.00	—
	美国天然气	−0.30	0.21	0.22	1.00

注：所有的价格是显示在图 8-3 中的月度价格；欧洲天然气价格序列始于 1991 年 1 月。

毫无意外，将 1983 年至 2007 年之间的价格指数化后，原油和欧洲天然气价格之间最紧密相关。相关性较上述组合低的组合依次为原油和美国天然气、美国天然气和欧洲天然气、原油和澳大利亚煤炭，以及欧洲天然气和煤炭。价格最不相关的组合为美国天然气和澳大利亚煤炭。从 2000 年开始最紧密相关的组合一直是原油和欧洲天然气，接下来是原油和煤炭、煤炭和欧洲天然气，以及原油和美国天然气。从 1983 年到 1999 年年底除了煤炭和欧洲天然气价格之间的相关性之外，其余价格之间的相关性相当低。从 2004 年 1 月开始的最近几个分段时间内，原油和欧洲天然气之间的相关性很强，其他的却不是这样；煤炭和美国天然气之间的价格趋势正好相反。

图 8-4 及图 8-5 展示了以上四种燃料每月价格的历史波动性，其中变动性通过对数收益率价格来表示。收益率乘以 100 接近于一个月到下一个月价格之间的变动比率。最大的正收益率是美国天然气 48% 的收益率，最大的负收益率是原油 −44% 的收益率。

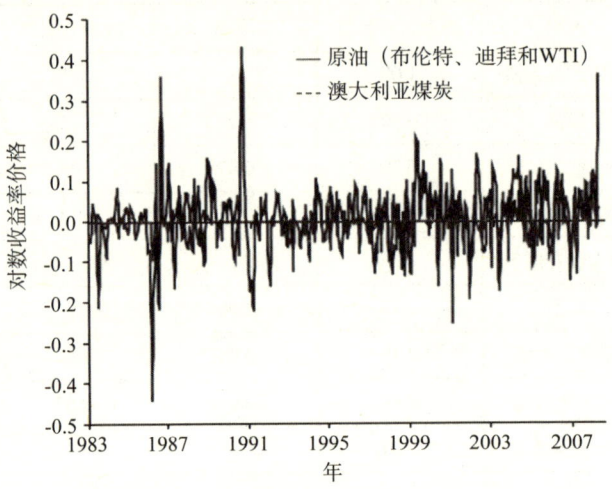

图 8-4 原油和煤炭价格的历史波动性

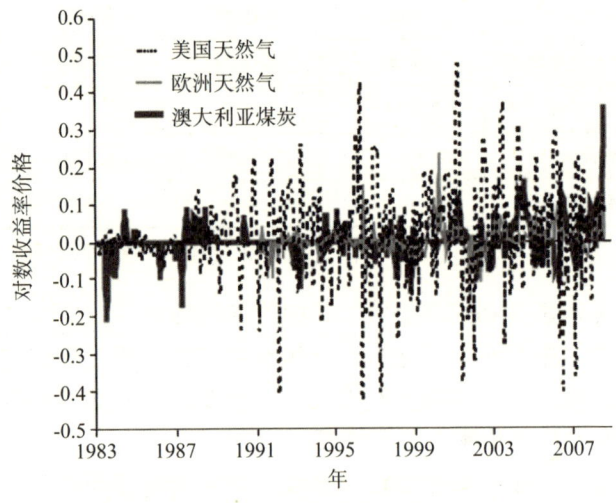

图 8-5 天然气和原油价格的历史波动性

  表 8-6 总结了图 8-4 和图 8-5 中不同时间段的收益率标准差。研究的每个时间段中美国天然气的价格最具波动性。原油价格的波动性排名第二，然而煤炭价格的波动性从 2004 年起超过了原油。直到 2003 年煤炭和欧洲天然气的价格有着类似的波动性。2003 年之后煤炭价格的波动性增加，而欧洲天然气价格的波动性开始降低。其他观察则显示原油和欧洲天然气的价格从 2004 年开始一直互相紧密跟随，互相之间有增长抵消。但是欧洲天然气价格的变动性比原油要低得多。因

94

此，如果高油价不出现的话，欧洲油改气的多元化举措会在一定程度上阻止油价波动。

表 8-6 燃料价格变动性的标准差

时期	煤炭	原油	欧洲天然气	美国天然气
1983—2007 年	0.04	0.08	0.04	0.12
1983—1999 年	0.03	0.09	0.03	0.11
2000—2007 年	0.05	0.08	0.04	0.15
2000—2003 年	0.04	0.09	0.05	0.16
2004—2007 年	0.06	0.07	0.03	0.14

数据来源：世界银行经济前景预期组和作者计算。
注：标准差以每单位能量月对数收益率价格计算获得。煤炭也就是澳大利亚煤炭。原油是迪拜原油、布伦特原油、西得克萨斯原油的均价。欧洲原油的系列价格从 1991 年 1 月开始。

表 8-7 列示了四种燃料之间月对数收益率价格的关系。这种相关性要比有 0.39 的最高相关性的价格水平低得多。也就是说 15%（0.39 的平方）的收益率可以被说成两种燃料（2000—2003 年煤炭和美国天然气，及 2004—2007 年煤炭和原油）相关性关系的解释。低相关性平方暗示着燃料的多样化有助于减轻较高波动性燃料的价格波动。

表 8-7 燃料价格相关性关系

时期	燃料	澳大利亚煤炭	原油	欧洲天然气	美国天然气
1983—2007 年	澳大利亚煤炭	1.00	—	—	—
	原油	0.19	1.00	—	—
	欧洲天然气	0.01	0.05	1.00	—
	美国天然气	0.12	0.19	0.08	1.00
1983—1999 年	澳大利亚煤炭	1.00	—	—	—
	原油	0.09	1.00	—	—
	欧洲天然气	−0.01	0.02	1.00	—
	美国天然气	0.15	0.22	0.08	1.00

续表

时期	燃料	澳大利亚煤炭	原油	欧洲天然气	美国天然气
2000—2007 年	澳大利亚煤炭	1.00	—	—	—
	原油	0.22	1.00	—	—
	欧洲天然气	−0.05	0.04	1.00	—
	美国天然气	0.10	0.15	0.06	1.00
2000—2003 年	澳大利亚煤炭	1.00	—	—	—
	原油	0.04	1.00	—	—
	欧洲天然气	−0.02	−0.04	1.00	—
	美国天然气	0.39	0.13	0.10	1.00
2004—2007 年	澳大利亚煤炭	1.00	—	—	—
	原油	0.39	1.00	—	—
	欧洲天然气	−0.12	0.17	1.00	—
	美国天然气	−0.11	0.21	0.03	1.00

注：所有价格是显示在图 8-3 中的月度价格；欧洲天然气价格序列始于 1991 年 1 月。

在价格风险管理中的一种方法是多样化燃料组合，这些组合考虑了价格水平增长以及价格波动的相关风险。在这种方法中，最低成本燃料没有百分之百地被分配燃料组合。简单的说明在表 8-8 中，这里只有两种燃料被考虑——石油和煤。这两种燃料随着变动的比率被考虑，变动范围从百分之百的石油到百分之百的煤。根据图 8-3 和表 8-6，煤一直保持较低的价格水平和较低的价格波动。对于每种检验组合，燃料价格波动的标准差，在煤被包括于燃料构成中时比只有石油被使用时要低。可能违反直觉的发现是使用 10% 煤和 90% 石油的混合构成低于单独使用煤的燃料构成的价格波动。2004 年至 2007 年年间，25% 石油和 75% 煤的组合也将有较低的价格回归波动。

表 8-8　燃料混合价格波动性的标准差

时期	石油	75% 石油 / 25% 煤	50% 石油 / 50% 煤	25% 石油 / 75% 煤	10% 石油 / 90% 煤	煤
1983—2007 年	0.084	0.075	0.063	0.048	0.039	0.043
1983—1999 年	0.086	0.075	0.061	0.043	0.033	0.035

续表

时期	石油	75%石油/25%煤	50%石油/50%煤	25%石油/75%煤	10%石油/90%煤	煤
2000—2007年	0.079	0.074	0.067	0.056	0.049	0.054
2000—2003年	0.087	0.081	0.071	0.055	0.042	0.044
2004—2007年	0.070	0.066	0.062	0.056	0.055	0.062

8.3 能源多样性指标和一次能源石油份额

之前内容显示燃料价格和不同能源来源的价格波动性没有很好的关联，甚至在过去的很多年都缺少关联性，同时一个能源来源多样性组合可能因此缓解一个特别的能源来源价格波动。关于多样性的理论测量的文献有很多，其中大量的贡献来自于生物多样性测量的生态领域。Jost（2006）给出了这些指标的广泛分析。关于能源，最流行的指标是 Herfindahl–Hirschman 指标和 Shannon–Wiener 指标，从六种能源来源计算这个指标：石油、天然气、煤、水力发电、核能以及其他形式的可再生能源，如地热、太阳能、风能和木材以及废弃物发电。一个被明显疏忽的是电力部门外部的生物量。小规模的生物量在发展中国家广泛使用，特别是在农村贫苦地区和小的商业机构中。然而，数据限制不允许在目前的分析中包含生物量，因而包含的生物量将比呈现在这个部门的所有数量都低。

为了计算 Herfindahl–Hirschman 多样性指标（Herfindahl–Hirschman diversification index，HHDI），每种来源（能源单位的标准化）的零星部分 p_i 被平方加和得到：

$$\text{HHDI} = \sum_i p_i^2 \tag{8-1}$$

这里 i 是指从 1 到 6。HHDI 越高，能源部门的多样性越小。HHDI 最低的可能值，代表了多样性的最大值，对于六种能源来源是 0.17。对于给出的 HHDI，它的倒数是有着将有同样多样性指标的相同份额的能源来源数。

为了计算能源多样性，可用的数据是 2005 年的。表 8–9 呈现了 181 个数据可用的国家的 HHDI 分布情况。仅有五个国家的 HHDI 值小于 0.25，相当于使用了相同份额的四种能源来源。一半多国家的 HHDI 高于 0.5，或者相当于正依赖两种或较少的相同份额的能源来源。22 个国家有一个一致的 HHDI 指标，表示完全依赖石油。大多数但不是全部的国家是小的岛国，这个群组里也包括小的非岛国的非洲国家。

表8-9 2005年HHDI分布

参数	HHDI < 1/4	HHDI < 1/3	HHDI < 1/2	HHDI < 3/4	HHDI > 3/4	HHDI=1	总和
国家数	5	27	77	133	48	22	181
国家百分比	3	15	43	73	27	12	100

资料来源：美国能源信息署2008b和作者计算。

选中国家的HHDI历史演变如图8-6所示。世界上最多样性的经济体系是芬兰，HHDI在2004年是0.21，相当于同等地使用五种能源。一些国家，如中国和斯里兰卡，已经正在显示HHDI的向上趋势，或者近些年来能源多样性的下降。

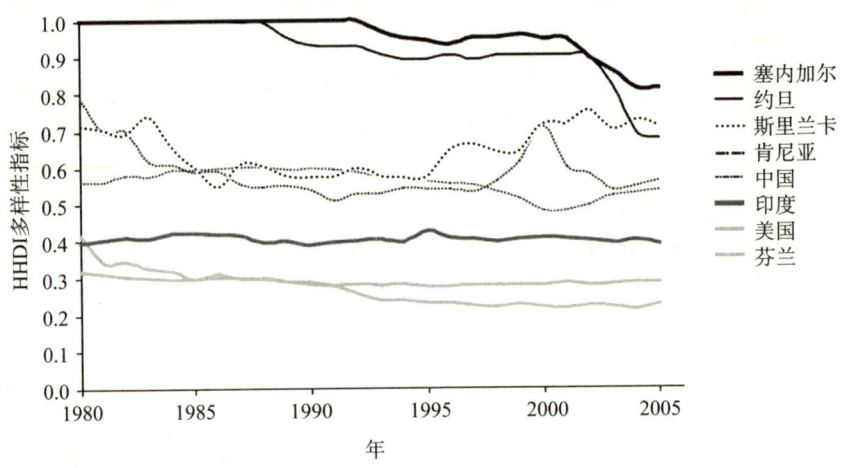

图8-6 选中国家的历史HHDI

资料来源：美国能源信息署2008b和作者计算

总结关于158个国家HHDI演变的统计信息列于表8-10中，这些国家在1980年至2005年之间有持续数据。将近三分之二的国家在20世纪80年代初期有多样性最小值。然而，四分之一的国家，在相同时期有多样性最大值。接近另一四分之一在2004年至2005年有多样性最大值。一些经历并无区别，他们全部是整个时期 HHDI 值 1.0 的国家。

表 8-10 HHDI 最大值和最小值（1980—2005 年）

参数	多样性最小值年份			多样性最大值年份			
	1980	1980—1983	2004—2005	1980	1980—1983	2004	2005
国家数	74	102	9	27	40	15	21
国家百分比	47	64	6	17	25	9	13
最大值和最小值之间的 HHDI 差异							
差异	>0.5	>0.4	>0.3	>0.2	>0.1	>0.05	0
数目	1	9	22	53	102	123	20
总百分比	1	6	14	33	64	77	13

资料来源：美国能源信息署 2008b 和作者计算。

HHDI 测量所有燃料的多样性，但是没有明确指出多少石油对总体指标有多大影响。虽然 HHDI 可能显示合理的多样性，但是一次能源的石油份额可能很高；相反的情况也可能发生。为了补充 HHDI，一个更简单的测量——总一次能源的石油份额——能被计算。这就是简单的公式（8-1）中的 p_i。2005 年一次能源石油份额的分布如表 8-11 所示。

表 8-11 一次能源石油份额分配

参数	份额<1/4	份额<1/3	份额<1/2	份额<3/4	份额>3/4	份额=1	总数
国家数	29	44	82	121	60	22	181
国家百分比	16	24	45	67	33	12	100

资料来源：美国能源信息署 2008b 和作者计算。

大约四分之一的国家，石油账户少于总能源的三分之一。百分之五十五的国家依赖石油比他们一次能源的一半还多，同时大约三分之一的国家依赖石油比他们一次能源的四分之三还多。那些能源的石油份额等于同一性的国家石油 HHDI 同一性相同的国家。

所选择国家一次能源历史石油份额的演变展示在图 8-7 中。图 8-7 中所选国家和图 8-6 中的国家相同，除了芬兰换成特立尼达和多巴哥。特立尼达和多巴哥是一个对石油依赖性最低的国家（赤道几内亚和朝鲜民主共和国有更低的份额，但是他们分别因为数据搜集问题和不寻常的政治形势而被排除在外）。图 8-6 和

图 8-7 之间有显著的区别。尽管美国的能源多样性比较高，但也表现出一个相对高的石油依赖水平，反映了它的汽油作为机动车燃料的高消费。相对而言，中国尽管 HHDI 接近 0.5，但表现出对石油的依赖性较低。

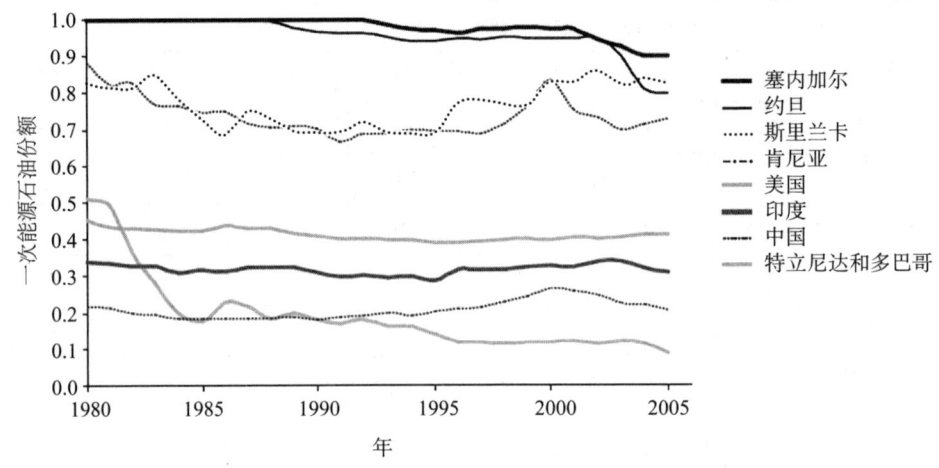

图 8-7　选中国家一次能源历史石油份额

资料来源：美国能源信息署 2008b 和作者计算

表 8-12 给出了能源石油份额在 1980 年至 2005 年之间历史演变的概要统计。近半的国家在 1980 年对石油的依赖最大。将近三分之一的国家在 2003 年至 2005 年有最小的石油依赖性。总体而言，国家正采取多样化的手段以避免对石油的过度依赖。

表 8-12　主要能源的石油最大最小占有份额（1980—2005 年）

参数	1980 年	1981 年	1982 年	2001 年	2003 年	2004 年	2005 年
最大值的国家数目	79	11	9	2	4	5	5
国家百分比	50	7	6	1	3	3	3
最小值的国家数目	25	3	6	9	9	12	25
国家百分比	16	2	4	6	6	8	16

资料来源：美国能源信息署 2008b 和作者计算。

注：数据显示的是 1980 年存在的 158 个国家，同时这些数据都截至 2005 年。只有列出的这些年份有至少 9 个国家存在石油份额的最大值或最小值。

虽然能源石油份额和 HHDI 很难相比，但值得注意的是，在 2005 年有 50 个国家能源石油份额低于它的 HHDI。它们之中，有 20 个国家 HHDI 大于 0.5 但能源石油份额低于三分之一。没有国家 HHDI 低于 0.5 同时石油份额大于 0.75，但有 19 个国家 HHDI 小于 0.5 同时石油份额大于 0.5。

8.4 减少对石油依赖性的政策

对石油的依赖可以依靠减少单位活动的石油消耗（如驾驶一定距离消耗的燃料），减少活动消耗的水平（行驶较少的里程）以及转换燃料来降低。燃料转换在电力生产中比较容易实现，但在交通中比较困难，原因在于很难获得汽油和柴油的合适替代品。汽车和家电拥有量是家庭收入的一个 S 形函数，在收入非常低时上升量非常小，在达到高收入的饱和度之前拥有的量会急剧上升到临界值的收入水平。这个趋势意味着低收入的发展中国家在中期特别容易受到快速上升石油消费的影响。

从长期来看，通过税收将油品价格定高是提高石油消费效率和减少非必需使用的最有效的途径之一。对于补贴油价的国家而言第一步是阶段性的降低补贴。高油价强迫消费去保护和寻找可替代的较低成本的能源来源。例如，高燃料税将鼓励使用更节能的汽车、减少里程数和里程长度，同时更倾向公共交通模式而不是私人交通。在这方面，美国国会预算办公室做的关于提高燃料经济性方法的报告很有用。这份报告通过实现降低 10% 的油耗检验了三个不同的方法，发现最便宜最高效的途径是大幅增加燃料税。对于消费者而言，简单的提高联邦政府强制执行的燃料经济标准是最昂贵的方法。提高汽油税不仅成本比其他两种讨论过的方法低（那两种方法都涉及提高车辆燃料经济性标准），而且能够立刻开始减少消费，之后市场效应会逐步推动过渡到使用燃料利用效率较高的车辆上来（汽车环境分析，2004）。在欧洲高昂的运输油价导致了节能汽车的广泛使用，以及越来越多地使用压燃式（柴油）发动机。压燃式发动机本质上比火花点火（汽油）发动机更有效率。最近一篇关于世界各国的燃料经济性的综述表示新车行驶每单位距离的油耗差异较大，其中日本和欧洲在燃油效率上处于领先水平，而美国作为燃料销售价格最低的高收入国家之一燃油效率却严重滞后于其他国家。

毫无疑问，高价格会损害消费者利益。柴油一般被用在货运和客运中，发展中国家特别关注的是较高的柴油价格对生活成本的影响。增加的柴油价格将增加主要生产部门的进货价格。高昂的柴油价格对穷人的间接影响是相当大的。早期巴基斯坦和也门的研究发现，随着家庭收入百分比的增加，增加的柴油价格带来的负面影响是递减的，而且对穷人影响最大（ESMAP 2001，ESMAP2005）。更高的燃料税给国库带来的税收收入的增加可以用来帮助穷人。

Bacon 和 Kojima（2006）详细介绍了从燃料价格角度而言不需要的政策以及能够减少石油消费的政策。他们的报告讨论了许多限制交通运输方面石油消费的措施，包括：

（1）城市中心的交通管理；

（2）限速，例如，低于 80 千米/小时；

（3）设定燃料经济标准；

（4）收取昂贵的停车费，通过限制停车位的使用量造成停车困难，或者双管齐下；

（5）推广公共交通以及汽车和货车的联合共用；

（6）关于汽车使用的物理限制，其中最著名的计划是单双日限行，车辆被禁止在特定的某天使用，这些日期取决于他们车牌登记号码的末尾数（单数或是双数）；

（7）收取过路费；

（8）限制工作日；

（9）推广较好的节约燃料的驾驶行为。

在电力部门，原油被用作发电的原料。限制原油在这些部分的消耗措施包括以下内容：

（1）减少空调、中央加热器以及电梯的使用；

（2）通过设定节能标准鼓励更节能的措施，通过基于节能的税收差异提供财政激励，以及提高公众意识；

（3）促使零售业和办公室较早停业以及引进夏令时；

（4）减少工作周的长度；

（5）促使电力定量配给（最基本的方法）。

全球经验表明，提高能源效率很重要。Bacon 和 Bhattacharya（2007）指出，在某种程度上，化石燃料消费的增加和 GDP 的增加是相抵消的，这种抵消大部分是由于能源强度的下降（每单位 GDP 所消耗的能源）。随后的分析表明，这主要通过降低每一个部门的能源消费强度，而不是通过经济结构的调整。例如，从生产部门转换到服务部门来实现。(Lamech, Kojima, and Bacon 2007)。

燃料转换是另一种减少石油依赖的方式。在交通部门，三种可替代能源是天然气、电力（大部分是混合燃料车辆），以及生物燃料。压缩天然气特别适合具有国内天然气生产的国家以及已经有了管道网络的城市中心。Gwilliam, Kojima, and Johnson（2004）讨论了天然气经济利用的条件。汽油电力或者柴油电力混合型的车辆仅现在才开始商业化运作。生物燃料正越来越被世界范围内的国家所监管，但是这种燃料对于补贴的明显需求仍是一个障碍。此外，部分研究还关注石油和生物燃料的原料价格之间不断增加的相关性，以及食物价格上升的压力（Kojima，Mitchell，and Ward 2007）。

在电力部门，非石油的选择是天然气、煤、水力发电、核能，以及可再生能源，如地热、太阳能以及风能。这些不是一个快速的解决方案但却是一个电力发展长期计划的正常组成部分：例如，建设一个大规模的水力发电厂，需要花费数年。转换到可再生能源发电的可行性也取决于自然资源禀赋（如地热的可用性）。

许多国家正考虑从原油和天然气发电转换到煤炭发电。一些国家甚至研究在一些偏远地区和一些小岛屿经济区小规模地应用煤炭发电，而这些地区目前还在用柴油发电。如图 8-3 所示，鉴于煤炭和碳氢化合物之间存在着巨大的价格差距，而且这种差距可能继续加大，所以上述举措在财政方面可能行得通。如果把目前低价位的外部环境因素考虑在内，转换到煤炭发电也带来了一些新的问题。面临的挑战一方面是如何在经济性和能源安全之间寻求一个平衡点，另一方面是如何保持环境的可持续性，这需要人们慎重考虑。

9 结论

20年间,国际原油价格经历了戏剧性的变动。从20世纪80年代中期到90年代末的一个相对稳定的时期,价格保持在20美元一桶,有一个短期的顶峰例外发生在第一次海湾战争期间。从90年代末直到2004年年初,国际原油价格波动但还没有到指明随后发展的程度,那是价格水平扣除物价因素外上升到了历史的最大值之上。

价格改变的路径没有服从一个跟随时间的光滑进展;甚至在过去三年期间,有一个时期价格下降了许多,随后再次上升。国际原油价格的这些变化增加了政府、企业和消费者提前计划的困难。

9.1 价格波动的统计分析

一份1986年至2007年期间的价格统计分析能够确立某种重要的特点。在这个时间范围内不论是把这个时期看做整体还是看做三个子时期,以美元计算的原油和成品油的名义价格和实际价在除第一个子时期外的几乎所有情况下都是非平稳的。对于价格重回平均水平没有可测量的趋势。Cochrane检验统计显示对于价格的冲击有永恒的和短暂的组成部分。五个发展中国家在测量当地货币价格中也被确认该发现。这种一般趋势的例外发生在第一个子时期(1986—1999年),该时期一些产品和原油的价格是稳定的,因此显示出回归平均值的趋势。价格的非平稳对于政策制定者有着深远的意义。因为目前的价格对于未来月份的价值而言提供了一个弱线索,政府必须考虑广泛的可能结果和相应的计划。他们也需要承认他们在实际价格和预期价格有很大差别时实施政府政策。

本报告通过价格波动测算价格行为不确定性的量级,通过收益的标准差(定义为连续价格对数的改变)计算价格的波动性,并且把价格的波动性用于不同子时期和不同国家的比较。价格波动按天计算最低,按月计算最高,这关系到政府制定计划决策应基于接受较长时间间隔的平均价格。

对于石油产品而言,最早时期的每日价格波动是最低的。根据波动性的测算把该发现解释为:对于小的值,平均收益近似于价格上的平均百分比变动,该变动是考虑时期内价格从一个子时期到另一个子时期的变动。

原油产品价格波动比原油价格波动要高,其中汽油价格变化表现出最大的波动性。在第二和第三个子时期，大多数产品的月平均价格的波动达到0.1，表明逐月平均价格变动大约是10%。这个波动水平，加上该价格水平均值回归的缺乏，表明为什么一个成功的应对波动的政策将成为一种宝贵的政策工具。

在其他市场的研究显示波动的期间测算显示出聚类性——在一个时期价格的大幅摆动后下一次价格波动也倾向于大幅摆动。近期波动情况可能成为不久的未来预测波动量的指导。对美国价格数据使用了GARCH模型的波动聚集性检验显示，对于基于每日价格的数据——和对于基于周平均价格的小范围数据——波动性显示均值回归。也就是说，存在聚集性但效果随时间而逐渐消失，同时波动性倾向于均值回归。很难建立任何月平均价格波动性时间模式，不可能确定波动趋势的聚集性。在五个发展中国家样本的月度价格数据中也发现这种模式，尤其是在2000—2007年最为显著。更复杂的统计分析可能揭示油价连续波动中是否存在任何潜在的模式。然而，在这点上，显示随后时期波动的量级几乎没有引导政策制定者，超出了最近经历的波动水平。该结果对那些需要未来时期波动数量的设计战略意义重大，如套期保值。

石油价格时间模式的另一个方面来自潜在趋势的偏差序列模式。运用Hodrick-Prescott滤波分析石油价格产生一个序列，该序列遵循所有的主要波动但有一条从一个时期到一个时期较光滑的轨迹。该序列可以把该序列看做怎样持续修改价格期望新数据成为可用的一个代表，同时政府可能把这些趋势值作为这些附近的价格来制定政策。

来自这个趋势的差值测量了关于趋势值基础政策的临时成本，而不是国际市场的价格。用日数据和周数据对运行这些差值的存在的检验，表明连续级数（同于实际和趋势之间偏差的同样符号的序列）明显地低于期望，尤其是残油和丙烷。然而，基于月平均数据，如果来自趋势的连续的偏差是独立的，连续级数可以被预测。五个发展中国家的月数据再次表明，一般地，连续级数没有明显的不同于在独立事件中预期的。

虽然基于月平均价格的连续级数一般与连续的来自独立趋势的偏差一致，偏差的积累值展示了一些冗长的逗留期（累计值保持同样标志的一段时间）。基于月度数据，在几乎所有的情形中，原油和原油产品最长的逗留期都长于三年，经常在四到五年之间。又在几乎所有的情况下，最长的逗留期一个时期累积的周期是正的。该发现对政府试图通过某种形式的目标趋势平抑价格和计划临时负担不同与国际价格的差异的方案具有非常重要的意义。这样的尝试可能会长期保持财政赤字，这在政治方面难以处理。如果追踪每日价格，逗留期最大值短得多，累计周期均值也会是负的。然而，基于日价格的价格平稳运作原油账户将意味着会修改价格和在每日的基础上转入转出原油账户，因此增加了终端用户价格的波动和管理成本。

由于汇率波动，以美元计算和以其他货币计算的物价水平的行为有着巨大的差距。在过去的四年，本币对美元升值的国家面对美元的萧条价格增加没有那么巨大。然而，检验价格波动时，五个发展中国家货币升值似乎对适度的价格波动没有影响。在数个案例中，汇率波动看上去已经增加，而不是减少了原油和原油产品价格的波动。

为了减少价格波动对经济主体的影响，许多政策已经被使用或考虑。这些政策分成两级类。第一组政策试图把油价波动从石油或产品的最终购买者转移到另一方。在套期保值案例中，对应方是未来市场本身；然而对于安全储备和价格缓和计划，实际上是国家的纳税人，这些纳税人临时筹措运行方案的成本。第二组政策通过减少石油消费水平管理波动，通过提供非奖励因素或者限制条件给个体使用者负担。

9.2 套期保值

套期保值被广泛应用于私人部门来减少波动产生的风险，因此套期保值似乎也是政府使用的首要候补选择。在该报告研究期间的简单套期保值策略的统计分析显示了该方法的重要缺点。未来市场套期保值原油的效率和套期保值持续强度一起增加——提前24个月订立合同提供最大的风险减少——但是，同时，对原油和原油产品的销售者而言，非套期保值的收益值比套期保值收益值大得多。同样的，对原油和原油产品的购买者而言，套期保值收益值比非套期保值收益值大。对原油和原油产品的购买者而言，三个月合同期评估的汽油和热油，套期保值收益再次比非套期保值收益多。

对于原油或石油产品的销售者而言，在3到24个月的期间内，持续在现货市场销售的收益将比持续在未来市场的销售收益值庞大。这种差异在三个子时期都出现，包括价格没有显示出很强的向上趋势的第一个子时期。然而，近期我们发现两个战略之间的收益上的最大区别。

对于原油或石油产品的购买者而言，当购买期货可以减少风险并且担保比现货市场商品本身更低的价格时，套期保值似乎是一种非常吸引人的战略。至关重要地，这种战略将要求代理商在这期间能够预期一般价格上升。因为未来价格一贯地低估实际出现的现货价格，很难相信政府能够更好的估计时机出现的价格。未来市场遭受巨大损失的可能性，必须发生在一贯使用它的销售者身上，清楚表明价格波动很大，中期运作很难预测的商品依赖套期保值的危险。累计周期逗留的时间充分说明在蓬勃发展期一贯低估未来价格的可能性，如最近已经经历过的。

对于卖其他原油的国家，或者需要购买产品而不是汽油或热油的国家来说，由于当前价格和引用未来市场价格的差异带来的基础风险进一步减少了套期保值策略的吸引力。

期权合同通过允许在出现不利结果的时候终止合同来减少毁约的可能性。然而，在价格变动广泛和市场价格变动不确定的时候，使用期权的前期成本对政府使用期权作为长期策略有很强的不利影响。石油市场套期保值战略缺乏广泛的政府支持表明这些策略有很多潜在的缺点。总的来说，当有证据表明价格将在均值附近波动，或者代理商确定总体价格走向的时候，期货或期权是降低风险的一种重要战略。在这个时期的油价历史，没有显现出均值回归，较早的期货价格没有成功预测当前现货价格，油价历史显示为什么这种战略没有被作为一种长期政策工具来使用。

9.3 战略储备

许多国家授权私人部门持有超过商业运营层次需要的储备，政府为自己的安全储备提供财政。这些安全储备一直被用来作为应对少有但是巨大的原油或原油产品供应中断所带来的影响。使用这些储备来消除极端价格增长也在讨论中——这种异常价格增长可能由于实际和预期全球原油供应的大起大落。使用前安全储备为极端价格增长设置上限的收益和成本的模拟结果表明在价格广泛上涨的阶段该政策最有效，在该时期政府已经能够低价买入，高价卖出（但是低于国际原油价格），因此可以获取利润来弥补实施该计划的成本。油价行为历史表明在发生前判断上述情形十分困难。在价格均值回归的阶段，当可能发生异常事件时，原油安全储备在减少国内市场价格波动和程度方面非常有效。但是，在持有安全储备几乎没有机会获得资金的情况下，实施原油储备面临大量的成本。

9.4 价格平抑计划

减弱石油价格波动最通常的政策是价格平抑。在价格高于"正常"水平时，政府通过降低税率或者增加补贴降低国内价格；在价格低于国际水平时，政府通过增加税率或者减少补贴使国内价格上升来平衡成本。有效识别价格行为不是均值回归的情况下，各国政府不会试图把价格平抑在一个固定的水平。各国政府会在一定范围内调整目标价格，使国内价格在该目标价格周围平稳地随着国际价格趋势变化。

该研究中的模拟表明由过去现货（期货）价格移动平均决定目标价格的价格平抑方案在减弱本国消费者面对的价格波动方面可以有效。最好的减弱效果出现在更长期的移动均值情况下。在国际价格上升阶段，移动平均数出现之后，政府将可能面对增长的财政负担。当使用更长期的移动平均数时这种影响更显著。

只有当国际油价超过上限和底线区间（如智利使用的方案）时，包含干预的修改计划的使用提供了权衡价格上升阶段成本和减弱波动的方法。价格区间越狭窄，波动的减弱越明显，但是当价格有上升趋势时，政府将面临更大的财政支出。逗留期数据的证据更加适用于该方法。周期——国际实际价格和过滤价格之间的差异，是过去价格的有效移动平均值——表现出很长的时期，在这些时期他们的累积值与持续的财政赤字相对应。许多以美元计算和以本币计算的原油与产品价值表现出五年甚至更长时间的逗留期。原油账户上的持久赤字在政治上是不可持续的。依赖于在国内价格上升的概率在政治上可接受时制定目标价格上临时增加的各国政府，面临迅速累积极大的财政赤字的风险，如前面泰国的例子。

9.5 减少石油消费的价值

另外一个政策试图通过减少石油消费的相关价值来减弱石油价格波动的影响。在这种情况下，每单元石油消费带来的单位波动不变，但是通过减少消费单元的数量，总的波动效应会减少。因此，通过减少原油需求来降低高油价带来的影响的计划也可以减少油价波动带来的集中效应。

2006年分析的163个国家中有四分之一的国家石油消费超过10%的GDP；四分之一的样本中，该比率在2006年是1980—2006年期间最高的一年。在该阶段，许多国家一直没有提高实物原油使用与实际GDP的比值——2006年，只有样本中四分之一的国家经历了该比率的最低值。这两组统计数据显示，高油价和高的油价波动下，减少原有使用政策的需要与GDP有关。

竞争化石燃料的价格统计分析揭示了原油价波动比欧洲天然气价格和现货煤价波动更剧烈（但比在美国的天然气波动弱）。不同燃料的价格波动之间的相关性较弱。同时，油气价格与煤的价格之间的差距正在增大。这些发现指出一些国家为了降低成本和波动性，可能计划在燃料可以被替代的区域增加煤炭使用份额来摆脱对石油（甚至天然气）的依赖。2005年的六种能源来源的总体多样性分析显示，样本里的181个国家超过一半的国家的Herfindahl–Hirschman多样性指数大于0.5，这等同于仅仅依赖于相等份额的两种化石能源。22个国家完全依靠石油，60个国家石油份额所占总能源消费的比例超过75%。

一些减少依赖性的政策反复考虑定价与税收，而不是高的国内价格。高的国内价格可能导致低的石油消费不可避免地把负担加给消费者。其他限制运输部门石油产品消费的政策——或者石油产品推动的电力的使用——正积极讨论，但是还没有得到足够广泛规模的实施，以便在石油消费方面产生显著影响。其他研究显示降低石油消费最有潜力的途径是提高能源效率，这种政策重点在终端使用，追踪涉及石油产品使用的供应链。

附　　录

附录1　关于政府石油收益财政参数的影响

附图1-1取自石油生产国，它给出了关于政府石油收益的变动财政参数影响的简单描绘。附图检验了收入波动和政府收入之间的权衡，考虑了两种财政管理体制，一种是退步的（靠政府提高油价来降低百分比），另一种则是进步的。附图采用假设的油田，该油田在19年里，生产了100万桶原油。接着叠加它们以便于有相同生产曲线和成本结构的油田每两年投入生产中直到达到稳定的产量水平。这个模拟同时假设固定成本结构扣除物价因素。重叠生产区域和假设固定成本结构的组合效果是去除产量和生产成本的波动性，并使油价波动作为收入波动的主要原因。

Johnston（2003）考虑了生产曲线和相关成本。每个油田的生产曲线以及所有生产的油田年石油产量总和如附图1-1和附图1-2所示。政府收入的计算从附图1-2的第一年开始，这时14个油田都在产油。到最后，投入生产的第一个油田已经运营了16个年头。

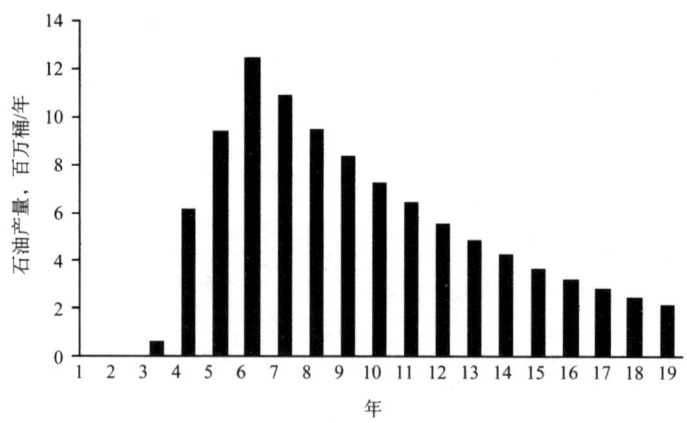

附图1-1　每个油田的生产曲线

资料来源：Johnston 2003

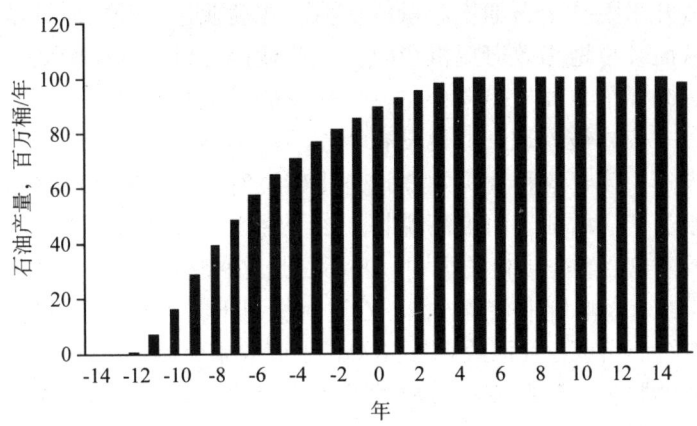

附图1-2 所有油田的总生产曲线

三个标志性的原油一揽子历史现货价格——布伦特,迪拜和西得克萨斯——以2007年的美元价值作为基准来表示计算政府收入。取1978年到2007年间的年平均原油价格;为了放大波动性,2007年(15年)的价格取2007年10月的月平均价格。石油价格如附图1-3所示。

附图1-3中考虑了两个产量分成协议(Production-Sharing Agreement,PSAs)。PSAs提供产品分成而不提供利润分成。拥有所有石油的州在约定的交货地点把油气提取的部分权利转移给承包商。承包商负责石油运营的全部资金和技术并承担风险。附图1-4显示了PSAs的典型收入来源。石油产量被分割成成本石油、利润石油以及矿藏开采税。附图1-4说明了石油产量分成的详细情况。

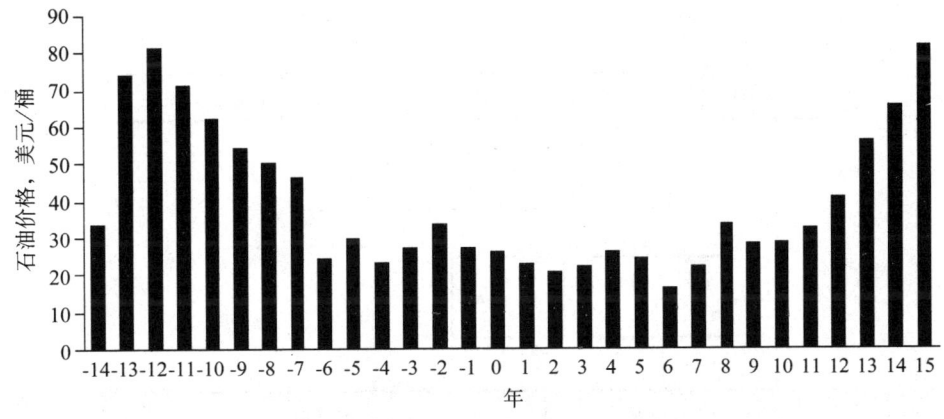

附图1-3 用于计算的油价

注:其中石油价格以2007年美元为基

(1) 矿藏开采税基于石油生产量或价值。在商业生产开始时，就开始支付矿藏开财税，从而较早地为政府提供税收。这些就得支付，从而给政府提供较早的收入。他们也确保承包商支出较小付款。简单的矿藏开采税——例如，提炼原油价值的10%——容易被管理，但是没有考虑项目利润因此是后退的。这样，矿藏开采税阻碍投资。改善这种情况的方式是让矿税的收取取决于产量水平或者油价水平，随着原油产量增加进而提高税收。由于规模经济（因为除了产量规模之外的许多其他因素也会影响项目的盈利，并不总是这种情况），大的生产水平带来大的收益；同样的，高油价带来高收益。在这种情况下，矿藏开采税计价收取。

(2) 成本石油指承包商回收勘探开发和生产成本保留的石油。大多数的PSAs限定成本石油的数量，这些成本石油可以在给定的一个会计期内保留。没有回收的成本结转至以后回收；大多数PSAs实际上允许无限制的结转。这是另一种政府确保较早获得收入的可用方法。

(3) 利润石油是指在支付矿藏开采税以及承包商保留成本石油后余下的产量份额。在简化公式里，协议可能规定分割利润石油，例如，30/70——承包商的份额是30%，政府的份额是70%——不考虑石油价格或产量水平。产量分成也可以采用浮动方式计算：政府分成随着产量水平、累积产量或盈利率的增加而增加。

(4) 在产量分成之后，需要支付所得税；如果PSAs协议中有写入所得税支付需要在产品分成前支付也是有可能的。在附图1-4中，承包商根据应纳税所得额来支付所得税。

(5) 签约定金是最倒退的回归财政参数，签约定金是最早的政府收入。合同生效时支付签约红利，红利在较高的潜在区域相当大。

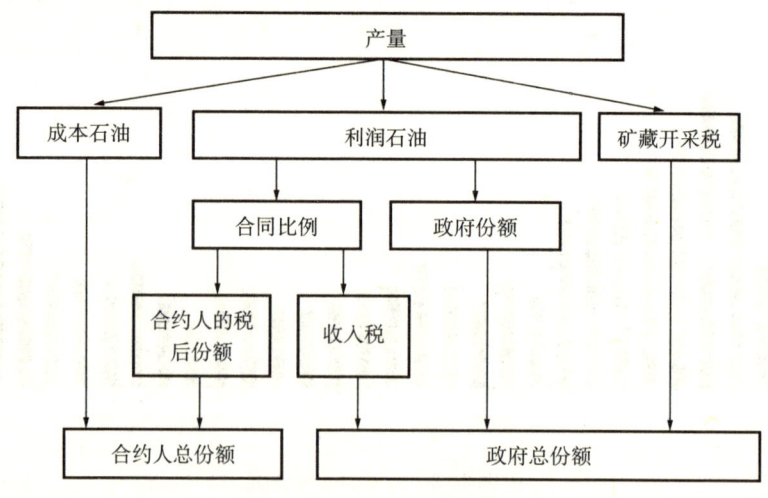

附图1-4 产量分成收入流

附表 1-1 中给出了财务参数。考虑的第一个例子是后退的：矿藏开采税、税收，以及产量分成没有随着净收入的增加而增加。签约定金 2 千万美元，矿藏开采税率固定在 10%，产量分成中的成本回收在给定的会计期内固定为 60%。所有规定都是为了较早获得收益。政府获得 70% 的利润石油。这些支付以后，承包商支付剩余收入 30% 的所得税。第二个例子没有签约定金，有浮动矿区使用费以及产量分成计划（附表 1-2）。在开采石油获得至少 25 美元/桶前，矿藏开采税率不会达到 10%（第一个例子设定的税率）。然而，随着石油价格的增加，矿藏开采税随着油价上升，当超过 60 美元/桶时达到 40%。利润石油的政府分成随着项目内部收益率（Internal Rate of Return，IRR）的增加而增加，当 IRR 在 30%~35% 时政府份额达到了 70%（例 1 中的比率），当 IRR 超过 50% 时，政府分成高达 90%。

附表 1-1 两个财政体制的描述

参数	例 1	例 2
资本折旧	五年直线	五年直线
矿藏开采税	10%	根据油价浮动计算
签约奖金	2000 万美元	无
应纳税收入	收入总额－（矿藏开采税＋奖金＋生产份额＋适当支出）	收入总额－（矿藏开采税＋适当支出）
收入税	30%	30%
生产份额	70%	根据 IRR（内部收益率）浮动计算
成本石油上限	60%	无

附表 1-2 例 2 中浮动计算矿藏开采税和产量分成

油价，美元/桶	<20	20~25	25~30	30~35	35~40	40~45	45~50	50~60	>60
矿藏开采税	5	7.5	10	15	20	25	30	35	40
内部收益率（IRR）门槛，%	<20	20	30	35	40	>50	—	—	—
利润石油政府份额，%	0	40	70	75	80	90	—	—	—

附图 1-5 表示两种财政体制下第一区块投产的政府收益。图中的第一年对应附图 1-3 中的 -14 年。例 1 的确给政府带来最高的早期收益，但是，例 2 中，从

第 6 年开始，项目回收了资本支出，开始盈利，政府收入超过例 1，并且在油田余下的生命周期里保持了较高水平。例 1 和例 2 的政府累积收益分别是 28.5 亿美元和 32.1 亿美元。

另一方面，投产的第 6 个油田面临多年的低油价。在这种财政体制下，项目的盈利性很低，退化的的财务体制确保了政府的早期收入，如附图 1-6 所示，同时显示了较高的政府累积收入。

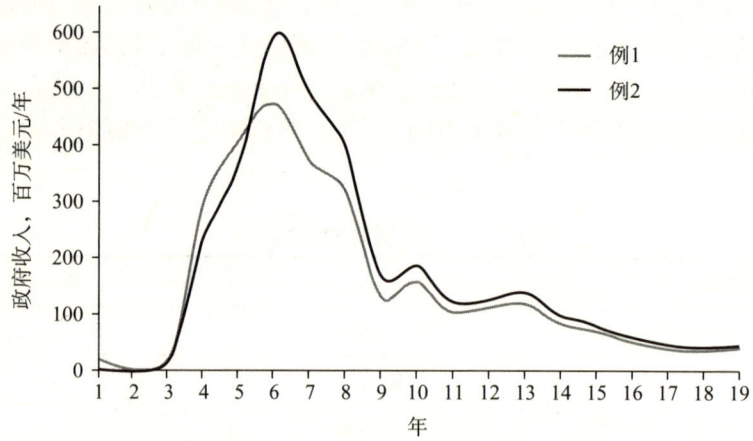

附图 1-5　来自投入生产的第一个油田的政府收入

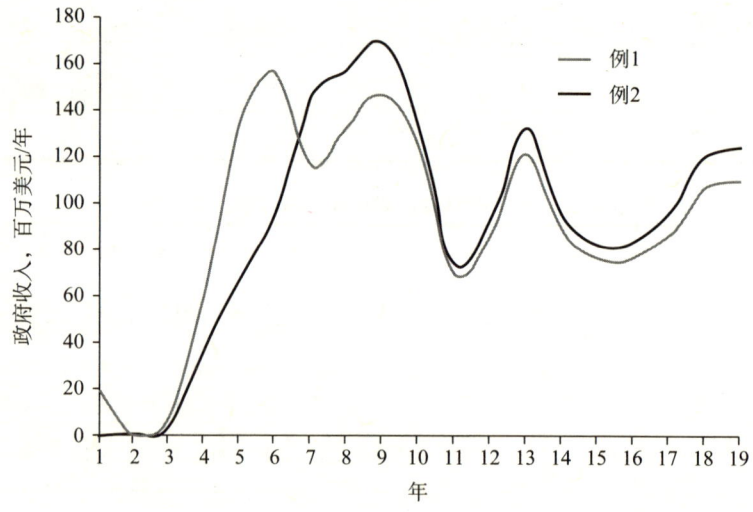

附图 1-6　来自投入生产的第六个油田的政府收入

在这两种财务体制下所有油田的年政府收益如附图 1-7 所示。在油价高的近几年，政府年收益明显不同。附图 1-7 中给出四个不同贴现率的收益现金流分析（附表 1-3）。在零贴现率的时候——相当于评价未来产生的收入和今天的收入是一样多的——忽略资金的时间价值——两个财政体制中更进步的一种情景下收益波动更大。随着贴现率的增长——如果政府现在需要紧急建立基础公共设施，这也是合理的——收入波动差异减少，如果贴现率为 15%，两个财政体制本质上有相同的结果。

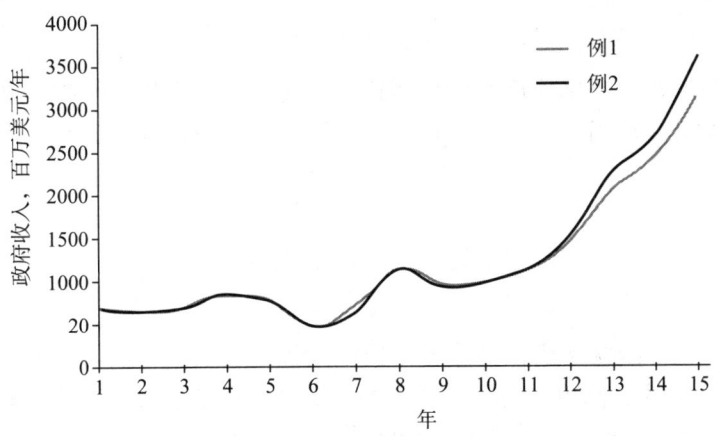

附图 1-7 各领域的政府收入

附表 1-3 不同折现率的累计政府收入 （美元）

参数	0 贴现率		5% 贴现率		10% 贴现率		15% 贴现率	
	例1	例2	例1	例2	例1	例2	例1	例2
最小年收入	445	449	341	343	264	266	207	208
最大年收入	3145	3602	1550	1775	790	904	620	607
最大差值	2700	3153	1210	1432	526	639	413	399
年收入中位数	929	900	648	635	521	514	364	384
平均年收入	1187	1243	755	782	514	526	372	377
标准差	771	910	318	388	137	166	117	117
变量系数	0.65	0.73	0.42	0.50	0.27	0.32	0.31	0.31
累计收入	17802	18649	11330	11726	7714	7894	5584	5658

这个简单的插图显示出政府面对剧烈波动的石油价格时减少收入波动的财务参数的能力被限制。附图 1-7 考虑了两个假设累进税广泛不同的例子。但是甚至这两个极端也没有明显的缩小波动。例如，最大年收入对最小年收入的比值在例

1 中是 7 以下，例 2 中是 8 以下。在 15 年中，政府采用例 1 来减少波动性的成本大约 8.5 亿美元。

实际上，在高油价时期最大化政府收入的政治压力可能导致对一种财政体制的抵制，这种体制可能多少会减少收入波动，但是也将阻止政府在高油价时期享受额外收入。这种政治压力在最近几个月里也是明显的，当石油生产国和石油生产省份的政府一个接一个地修改财政体制时——设计的所有财政体制都允许政府在创纪录的油价中获得高收益。

正是基于这个原因，而不是试图减少收入波动性，一般推荐政府着重通过长期的、精心计划的、严格的预算计划和执行来缓和预算支出。一些石油生产商成功地使用石油基金达到这个目的。缓和支出面对他自身的巨大挑战，但那是另一个研究的主题。

附录 2 统计方法

附录 2 定义了统计术语，描述了本研究的统计方法。考虑时间函数序列，定义 $X(t)$ 为给定时期 t 的序列值，$X(t-1)$ 表示 t 时期以前的一个时期的序列值，$X(t-k)$ 表示在过去的 t 时期里去除 k 时期的 X 值。

附 2.1 单位根

如果 $X(t)$ 由以下等式产生，则 $X(t)$ 有单位根：

$$X(t) = \beta X(t-1) + \varepsilon(t) \qquad (附 2-1)$$

β 表示单位值，$\varepsilon(t)$ 表示固定随机扰动项。当 β 小于单位 1 时，该过程是固定的。

附 2.2 扩展 Dickey–Fuller 检验

对于一个序列 $X(t)$ 的单位根检验是指对序列 X 的某一滞后项进行一阶差分的最小二乘回归求解（估计），一般包括一个常数项、一个线性项、一个有关滞后阶数的项。本研究中，等式包括一个常数、一个线性项。自回归条件（前一个时间段的条件）的数量通过程序自动选择来最小化 Schwarz 信息准则，该准则是等式设定的统计准则。

附 2.3 Cochrane 方差比检验

Pindyck (1999)，Reinhart 以及 Wickham (1994) 等人已经指出如果价格水

平由固定方法产生——期望和方差保持常量——之后价格的系数接近单位 1，标准 ADF 检验效果不明显。也就是说，如果没有单位根，保持有单位根的概率就很大，只有使用长时间数据序列数据才可能区分有单位根和"差不多"有单位根的过程。这一点很重要，因为这两种模型的长期行为不同：前者没有回复长期均值的趋势，而且所有的冲击都是永久的；后者最终还原为某些值，冲击是暂时的。为证明冲击（从一个时期到另一个时期的水平的变化）程度是暂时的，Cochrane (1988) 提出方差比检验。涉及 k 个不同时期不同价格的方差。该检验形成以下统计数据：

$$R_k = (1 \div k) \text{Var}[X(t+k) - X(t)] \div \text{Var}[X(t+1) - X(t)] \quad \text{（附 2-2）}$$

其中 R_k 是 Cochrane 方差比，Var 是方差。如果 X 不是固定的，比率将收敛至零。如果使过程更普遍，结合永久不变的（非固定的）以及暂时的（固定的）成分，比率将趋于一个少于单位值但大于零的有限值。

附 2.4　Hodrick-Prescott 滤波

Hodrick-Prescott 滤波（H-P 滤波）是经常使用的经济变量趋势分解方法，利用 H-P 滤波可以将经济变量序列中的长期增长趋势和短期波动成分分离出来，经过 H-P 滤波处理得到的数据为平稳序列。考虑时间序列 $X(t)$，构建一个过滤的序列 $S(t)$，该序列最小化下面的准则：

$$\sum_{t=1}^{T} [X(t) - S(t)]^2 + \sum_{t=2}^{T-1} \lambda \{[S(t+1) - S(t)] - [S(t) - S(t-1)]\}^2 \quad \text{（附 2-3）}$$

其中 T 是估计样本的最后时期，而 λ 是平滑常数，取决于时间聚集使用的长度。建议月度数据为 14400，周度数据均为 62500。定义实际值和滤波值之间的差距为周期值 $C(t)$，计算公式为：$C(t) = X(t) - S(t)$。

附 2.5　返回值

除了图 3.4 和图 3.5 以及执行检验运行外，价格序列 X 的返回值的计算如下：

$$R_{\log}(t) = \log X(t) - \log X(t-1) = \log[X(t) \div X(t-1)] \quad \text{（附 2-4a）}$$

这里使用了对数，使返回值无量纲化。$\log(1+\varepsilon)$ 的泰勒展开式（ε 很小）表明如果 $X(t)/X(t-1)$ 接近整数，返回值乘以 100 与 X 增长的百分比成比例。否则可以用下式计算返回值：

$$R(t) = X(t) - X(t-1) \quad \text{（附 2-4b）}$$

循环返回值 $CR(t)$ 计算：

$$CR(t) = C(t) - C(t-1) \qquad (附2\text{--}5)$$

因为循环可以是负的，因此不可能进行对数运算。

附2.6 方差相等检验

这个检验把总样本分成两个子群，分别计算每个子样本的方差。方差相等统计检验基于 F 的分布：

$$F(T_1-1, T_2-2) = \text{Var}_1 / \text{Var}_2 \qquad (附2\text{--}6)$$

其中 Var_i 是子样本的方差，T_i 是子样本 i 的观察值数，T_1-1 和 T_2-1 是对应的自由度。

附2.7 广义自回归条件异方差模型

GARCH方法允许序列方差随时间自相关（也称为序列相关，指总体回归模型的随机误差项之间存在相关关系），包含两个等式。第一个等式称为条件均值方程，把收益变量和可能的解释变量与误差项的和联系起来。这些变量可以包括常数项、趋势项、滞后变量回归项以及任何可能相关的经济变量。假设残差有方差，方差由时间决定并且能够作为混合自回归与移动平均过程建模。均值等式如下：

$$R(t) = \alpha + \beta \text{Trend} + \gamma R(t-1) + \varepsilon(t) \qquad (附2\text{--}7)$$

其中，α, β, γ 是预估计的参数，Trend 为线性趋势，t 时间 $\sigma(t)$ 的方差为 $\sigma^2(t)$。

在 GARCH (1, 1) 下，第二个等式可以表示为：

$$\sigma^2(t) = \omega + \psi \varepsilon^2(t-1) + \chi \sigma^2(t-1) \qquad (附2\text{--}8)$$

其中，ω, ψ, χ 是预估计的参数，$\sigma^2(t)$ 为公式（附2-7）中误差项的方差。该等式可以解释为这一时间段的方差包括常数的加权平均值，前一时期经历波动相关的新信息（ARCH），前一时期估计方差（所谓的GARCH）。GARCH实际上是所有过去波动信息的加权平均。(1, 1) 代表一阶移动平均自回归条件异方差模型和一阶自回归广义自回归条件异方差。如果 GARCH 模型显示存在误差方差自相关——也就是说，如果 $\omega+\chi$ 不等于零——公式（附2-8）可以用来构造系统和方差可预测部分（同方差模型中平行于单方差）的估计。因为 $\sigma^2(t)$ 基于过去信息 $\varepsilon^2(t-1)$ 或者 $\varepsilon^2(t-1)$ 和 $\sigma^2(t-1)$，这些称为条件方差。

如果 $\omega+\chi$ 等于零，则方差项不存在自相关，说明是同方差。如果序列所有的元素有相同的有限方差，则这些序列同方差。如果 $\omega+\chi$ 等于单位 1，长期方差趋向于无穷，方差过程不平稳，称为综合广义自回归条件异方差（IGARCH）过程。方差的所有冲击都会是永久的。瓦尔德（Wald）检验可以检验这两种零假设。方差冲击的半衰期由下式给出：

$$H=\log(0.5) \div \log(\psi + \chi) \tag{附2-9}$$

检查每个等式并适当说明，确保估计的均值等式残差和估计的残差平方不出现自相关。

一旦获得统计意义上的结果，还要对这些结果进一步检查。ARCH 残差拉格朗日乘数检验。观察报告促进该检验，在 GARCH 检验应用最广泛的许多财务时间序列中，残差量级似乎与近期残差的量级有联系。本报告中其余的与 ARCH 检验相关的检验残差的序列相关。其他检验中 ψ 和 χ 都是正的，ψ 和 χ 以及他们的和不超过单位 1。

石油市场波动性相关的许多研究对 GARCH 模型进行了进一步扩展。阈值 GARCH 模型（TARCH，有学者翻译为门限自回归条件异方差）考虑波动的不对称性，并且通过把 ARCH 分解成两个变量，改变方差方程——"好"消息是产生相应的正残差，当残差是为负就是"坏"的消息。如果好消息和坏消息对序列未来方差有不同影响，存在杠杆效应，则可以进行相等性检验。

附 2.8 游程检验

当固定时期观测值之间存在规律和常数关系时，自相关检验最有效。存在序列模式但是序列模式的长度随着时间变化，这些检验几乎无效。非参数检验可以用来检验少量结构模式。基于证书或者负回归数的检验可以用来研究数据中这种形式的聚集。

游程检验——也称作 Wald–Wolfowitz 检验——是检查两价数据序列随机性假设的非参数检验。本研究中，返回值（正或者负）的标志接受游程检验。一个游程指的是一系列连续等值。例如，如果每年 1 月到 12 月的标志为 ++++--+++---，其中共有四个游程，包括一个有四个正的游程，两个分别有成有三个负号和三个正号构成的游程，一个有两个正号构成的游程。Wald–Wolfowitz 检验基于正态分布，实际游程数（ω）表示成游程数期望和标准差。为此，z 统计数据为 $(\omega-\mu) \div \sigma$，μ 表示期望，等于 $[2N^+N^- \div (N^++N^-)]+1$，$\sigma$ 是标准差，等于 $\sqrt{(\mu-1)(\mu+1) \div (N^+ + N^- - 1)}$。$N^+$ 表示正号的数量，N^- 表示负号的数量。

附录3 美国墨西哥湾沿岸的价格统计分析

附录3用于补充第3章中提出的结果。它涵盖了每天、每周、每月对在美国墨西哥湾沿岸 WTI 原油和石油产品的价格分析。

附3.1 数据覆盖

附录3中使用的价格数据取自美国能源情报署的网站。选择美国墨西哥湾沿岸价格的部分原因是其位置临近引用 WTI 原油的价格的地方（库欣，俄克拉何马州）。所有时段的数据不能全部获得。附表 3-1 给出每一种类型的商品第一个月的数据。

附表 3-1 价格数据可用的第一个月

商品	开始日期
WTI	1986 年 1 月
美国墨西哥湾沿岸常规汽油	1986 年 6 月
美国墨西哥湾沿岸航空煤油	1990 年 4 月
美国墨西哥湾沿岸燃料油	1986 年 6 月
美国墨西哥湾沿岸柴油	1995 年 5 月 [a]
美国墨西哥湾沿岸残余渣油	1993 年 7 月
得克萨斯州 Mont Belvieu 液化气	1992 年 7 月

资料来源：美国能源信息署，2008年。

a. 美国能源信息署数据从 1995 年 5 月开始首次出现价格，但是直到 1995 年 9 月才可以获得连续的日价格。

附3.2 平稳性检验

对名义价格和实际价格进行 ADF 检验。实际价格以 2007 年 1 月的价格为基准，根据居民消费价格指数调整。把价格序列有单位根作为零假设。如果 ADF 检验统计量大于临界值（5%），那么接受零假设，价格不固定。该检验方程包括一个时间趋势变量，该变量样本的第一个观测值从 0 开始，对后面每个观测值都加 1。趋势变量的添加允许价格系统性增加的消除，从而专注于非系统价格变化。

附3.2.1 原油价格是均值回归的么？

附表 3-2 显示了原油价格的结果。在大多数情况下，价格与单位根相一致，而且价格序列不是固定的。实际价格和名义价格会产生类似的结果。然而，在第一子时期，存在证据拒绝单位根假设，表明在该子时期价格呈现固定性。

附表 3-2　WTI 原油的 ADF 检验统计

平均时期	开始—2007.3	开始—1999.12	2000.1—2003.12	2004.1—2007.3
名义日价格	−2.55	**−3.56**	−2.90	−2.44
5% 的临界值	−3.41	−3.41	−3.41	−3.42
实际日价格	−3.15	**−4.08**	−2.89	−2.49
5% 的临界值	−3.41	−3.41	−3.41	−3.42
名义周价格	−1.98	−3.22	−2.83	−2.48
5% 的临界值	−3.41	−3.42	−3.43	−3.44
实际周价格	−2.49	**−3.77**	−2.43	−2.49
5% 的临界值	−3.41	−3.42	−3.43	−3.44
名义月价格	−1.77	**−4.34**	−2.12	−1.75
5% 的临界值	−3.43	−3.44	−3.51	−3.53
实际月价格	−2.30	**−4.74**	−2.08	−1.73
5% 的临界值	−3.43	−3.44	−3.51	−3.53

注：加粗的为在单位根中显著不同的数值。

如果这些序列"几乎"有一个单位根，这个单位根缓慢地均值回归，这个值也许能足够接近 1 进而包含在基于 ADF 检验的置信区间中。在这种情况下，检验可能并不表明存在均值回归，进而把序列错误地判断为非平稳的。为更好地理解这种边缘案例，计算 Cochrane 检验统计数。附表 3-3 给出了计算结果。根据附表 3-2，截止到 1999 年 12 月，只有每天和月度价格是固定的，所有其他价格都是非平稳的。因为价格序列被定义为非平稳的，不会出现随着 k 的增加引起 R_k 收敛于 1 的情况，也不会出现 R_k 迅速减少到 0 的情况。价格冲击呈现永久性和暂时性两种情况。

附 3.2.2　成品油价格是均值回归的么？

ADF 检验适用于美国墨西哥湾沿岸市场的成品油的名义价格和实际价格。附表 3-4 至附表 3-6 列出了结果。每日和月度成品油价格的检验结果与原油价格检验结果大致相同。作为第一子时期的例外情况，无论是名义或实际的成品油价格都是非平稳的。就周度价格而言，每个子时期的名义汽油价格都是平稳的。此外，整个期间残余渣油名义价格是固定的。

计算 Cochrane 检验统计数,附表 3-7 至附表 3-9 中列出名义价格的检验结果。这些表格涵盖了从开始到 2007 年 3 月的整个时期。在这期间,唯一稳定的序列是残余渣油周度价格。然而,检验结果显示没有清晰的模式表明只有残余渣油周度价格是固定的。

附表 3-3　名义原油价格的 Cochrane 统计

参数		R_k							
天数		20	50	100	200	350	700	1000	1500
	全时期	0.75	0.67	0.56	0.40	0.43	0.38	0.31	0.25
	开始—1999	0.70	0.74	0.68	0.40	0.31	0.17	0.12	—
	2000—2003	0.72	0.52	0.36	0.29	0.26	—	—	—
	2004.1—2007.3	0.81	0.68	0.53	0.31	0.28	—	—	—
周数		10	20	35	50	75	100	200	300
	全时期	1.10	0.93	0.74	0.68	0.73	0.72	0.54	0.50
	开始—1999	1.26	1.17	0.76	0.63	0.50	0.39	0.20	—
	2000—2003	0.84	0.58	0.52	0.46	0.39	0.24	—	—
	2004.1—2007.3	1.10	0.89	0.69	0.38	0.47	0.26	—	—
间隔月份		5	10	20	35	50	75	100	
	全时期	1.21	0.72	0.78	0.72	0.60	0.52	0.51	
	开始—1999	1.58	0.75	0.45	0.31	0.23	0.10	—	
	2000—2003	0.90	0.61	0.45	—	—	—	—	
	2004.1—2007.3	1.00	0.37	0.27	—	—	—	—	

附表 3-4　美国墨西哥湾沿岸成品油日价格

燃料	开始—2007.3	1986.1—1999.12	2000.1—2003.12	2004.1—2007.3
名义汽油日价格	−3.17	**−4.22**	−3.26	−2.75
5% 临界值	−3.41	−3.41	−3.41	−3.42
名义柴油日价格	−2.54	−1.11	−2.70	−2.89
5% 临界值	−3.41	−3.41	−3.41	−3.42
名义燃料油日价格	−2.20	**−3.65**	−2.84	−2.62

续表

燃料	开始—2007.3	1986.1—1999.12	2000.1—2003.12	2004.1—2007.3
5% 临界值	−3.41	−3.41	−3.41	−3.42
名义航空煤油日价格	−2.69	−2.76	−2.82	−2.71
5% 临界值	−3.41	−3.41	−3.41	−3.42
名义残余渣油日价格	−2.76	−2.21	−2.26	−1.67
5% 临界值	−3.41	−3.41	−3.41	−3.41
名义液化气日价格	−3.10	−2.19	−2.96	−2.85
5% 临界值	−3.41	−3.41	−3.41	−3.42
实际汽油日价格	−3.27	**−4.49**	−3.27	−2.82
5% 临界值	−3.41	−3.41	−3.41	−3.42
实际柴油日价格	−2.64	−1.21	−2.70	−2.88
5% 临界值	−3.41	−3.41	−3.41	−3.42
实际燃料油日价格	−2.25	**−4.04**	−2.84	−2.65
5% 临界值	−3.41	−3.41	−3.41	−3.42
实际航空煤油日价格	−3.26	−2.84	−2.82	−2.72
5% 临界值	−3.41	−3.41	−3.41	−3.42
实际残余渣油日价格	−3.22	−2.30	−2.23	−1.67
5% 临界值	−3.41	−3.41	−3.41	−3.42
实际液化气日价格	−3.40	−2.28	−2.94	−2.97
5% 临界值	−3.41	−3.41	−3.41	−3.42

注：加粗的数据表示在5%置信水平下拒绝零假设，同时价格序列是稳定的。

附表 3−5　美国墨西哥湾沿岸成品油周价格

燃料	开始—2007.3	1986.1—1999.12	2000.1—2003.12	2004.1—2007.3
名义汽油周价格	−1.87	**−3.72**	**−3.43**	**−3.55**
5% 临界值	−3.41	−3.42	−3.43	−3.44
名义柴油周价格	−2.29	−0.66	−2.93	−2.88
5% 临界值	−3.41	−3.43	−3.43	−3.44
名义燃料油周价格	−1.78	**−3.53**	−2.89	−2.04
5% 临界值	−3.41	−3.42	−3.43	−3.44

续表

燃料	开始—2007.3	1986.1—1999.12	2000.1—2003.12	2004.1—2007.3
名义航空煤油周价格	−2.24	**−3.69**	−2.85	−2.74
5%临界值	−3.41	−3.42	−3.43	−3.44
名义残余渣油周价格	**−3.72**	−3.08	−3.07	−2.73
5%临界值	−3.42	−3.42	−3.43	−3.44
名义液化气周价格	−2.87	−1.83	−2.59	−2.59
5%临界值	−3.41	−3.42	−3.43	−3.44
实际汽油周价格	−2.04	**−3.99**	−3.42	**−3.52**
5%临界值	−3.41	−3.42	−3.43	−3.44
实际柴油周价格	−2.41	−0.75	−2.89	−2.88
5%临界值	−3.41	−3.42	−3.43	−3.44
实际燃料油周价格	−2.19	**−3.57**	−2.85	−2.01
5%临界值	−3.41	−3.42	−3.43	−3.44
实际航空煤油周价格	−2.49	**−3.89**	−2.81	−2.73
5%临界值	−3.41	−3.42	−3.43	−3.44
实际残余渣油周价格	−3.98	−3.17	−3.02	−2.73
5%临界值	−3.41	−3.42	−3.43	−3.44
实际液化气周价格	−3.17	−1.91	−2.57	−2.72
5%临界值	−3.42	−3.42	−3.43	−3.44

注：加粗的数据表示在5%置信水平下拒绝零假设，同时价格序列是稳定的。

附表3-6　美国墨西哥湾沿岸成品油月价格

燃料	开始—2007.3	1986.1—1999.12	2000.1—2003.12	2004.1—2007.3
名义汽油月价格	−1.76	−3.36	−3.02	−2.67
5%临界值	−3.43	−3.44	−3.51	−3.53
名义柴油月价格	−2.03	−1.52	−2.15	−2.14
5%临界值	−3.44	−3.50	−3.51	−3.53
名义燃料油月价格	−1.54	**−4.29**	−2.19	−1.80
5%临界值	−3.43	−3.44	−3.51	−3.53

续表

燃料	开始—2007.3	1986.1—1999.12	2000.1—2003.12	2004.1—2007.3
名义航空煤油月价格	−2.67	−2.19	−2.07	−1.90
5%临界值	−3.43	−3.47	−3.51	−3.53
名义残余渣油月价格	−2.23	−2.94	−1.48	−3.47
5%临界值	−3.44	−3.46	−3.51	−3.53
名义液化气月价格	−1.92	−3.62	−3.02	−2.71
5%临界值	−3.43	−3.44	−3.51	−3.53
实际汽油月价格	−2.12	−1.57	−2.10	−2.10
5%临界值	−3.44	−3.50	−3.51	−3.53
实际柴油月价格	−2.15	**−4.72**	−2.06	−1.75
5%临界值	−3.43	−3.44	−3.51	−3.53
实际燃料油月价格	−2.03	**−4.83**	−2.02	−2.21
5%临界值	−3.43	−3.44	−3.51	−3.53
实际航空煤油月价格	−2.03	**−4.83**	−2.02	−2.21
5%临界值	−3.43	−3.45	−3.51	−3.53
实际残余渣油月价格	−2.84	−2.27	−2.04	−1.88
5%临界值	−3.44	−3.47	−3.51	−3.53
实际液化气月价格	−2.47	−2.97	−1.47	−3.42
5%临界值	−3.44	−3.46	−3.51	−3.53

注：加粗的数据表示在5%置信水平下拒绝零假设，同时价格序列是稳定的。

附表3-7 美国墨西哥湾沿岸成品油日名义价格Cochrane统计

燃料	天数							
	20	50	100	200	350	700	1000	1500
WTI原油	0.75	0.67	0.56	0.40	0.43	0.38	0.31	0.25
汽油	0.73	0.61	0.42	0.24	0.23	0.28	0.25	0.12
柴油	0.58	0.48	0.35	0.24	0.28	0.22	0.15	0.11
燃料油	0.68	0.57	0.47	0.33	0.38	0.31	0.25	0.20
航空煤油	0.82	0.67	0.50	0.30	0.34	0.29	0.22	0.17

续表

燃料	天数							
	20	50	100	200	350	700	1000	1500
残余渣油	1.52	1.23	0.96	0.84	0.78	0.31	0.32	0.12
液化气	0.79	0.70	0.53	0.38	0.37	0.24	0.18	0.13

注：时期从开始到 2007 年 3 月。

附表 3-8　美国墨西哥湾沿岸成品油周名义价格 Cochrane 统计

燃料	周数						
	10	20	35	50	75	100	200
WTI 原油	1.10	0.93	0.74	0.68	0.73	0.72	0.54
汽油	0.81	0.58	0.38	0.28	0.30	0.26	0.20
柴油	0.97	0.74	0.55	0.51	0.58	0.55	0.35
燃料油	1.00	0.84	0.64	0.60	0.67	0.64	0.46
航空煤油	1.02	0.78	0.52	0.47	0.52	0.49	0.37
残余渣油	1.10	0.83	0.81	0.75	0.70	0.52	0.31
液化气	0.92	0.71	0.55	0.51	0.50	0.43	0.24

注：时期从开始到 2007 年 3 月。

附表 3-9　美国墨西哥湾沿岸成品油月名义价格 Cochrane 统计

燃料	月数					
	5	10	20	35	50	75
WTI 原油	1.21	0.72	0.78	0.72	0.60	0.52
汽油	0.90	0.38	0.38	0.32	0.28	0.24
柴油	1.06	0.60	0.69	0.62	0.40	0.35
燃料油	1.21	0.70	0.78	0.70	0.56	0.50
航空煤油	1.09	0.56	0.62	0.58	0.45	0.39
残余渣油	1.00	0.76	0.64	0.29	0.32	0.15
液化气	1.15	0.67	0.62	0.43	0.33	0.26

注：时期从开始到 2007 年 3 月。

附3.3 检验回归以及方差

基本均值方程使回归值与一个常量和几个滞后值相关，方差等式使用GARCH（1，1）和GARCH（1，0）公式。按名义价值估算整个时期和三个子时期的原油和成品油。ARCH检验的秩是9。方差方程涵盖了整个期间，检验多种趋势变量，选择给出的较高的检验系数（R^2）。趋势变量为：

（1）@trend，一个趋势项，按照序列每个观测值加一增长的线性时间趋势；

（2）pd1，子时期1的虚拟变量（从价格序列开始到1999年12月）；

（3）pd2，子时期2的虚拟变量（从2000年1月到2003年12月）；

（4）pd3，子时期3的虚拟变量（从2004年1月到2007年3月）；

（5）pdmar，从价格序列开始到1999年3月的虚拟变量；

（6）pdjun，从价格序列开始到1999年6月的虚拟变量。

1999年3月Lee和Zyren（2007），发现OPEC生产政策的改变对方差方程有显著的统计影响，通过插入虚拟变量可以捕捉这一发现。根据这一发现选择变量pdmar。由于附录4中探讨的以本币计算的价格大约在在1999年6月至7月间出现第一次中断，所以检验变量pdjun。

TARCH检验不产生有意义的方程。OPEC成员闲置产能的月度数据从2001年1月开始，但OPEC闲置产能变量没有产生统计意义的显著系数。

在许多情况下，不止一个公式有统计上显著有意义的系数——也就是说，ARCH和GARCH检验系数都是正的，它们的和不超过单位1，并且均值方程不存在序列相关。选择给出有最高R^2的最简单的均值方程的方程组。如果第一个滞后值有统计上显著的系数，只要是阶数滞后连续的，就会保留更高的阶数。因此如果滞后1，2，3，4，5都有统计上显著的系数，那么保留它们；但是如果1，2，4有统计上显著的系数，那么只保留前两个，因为2和4是不连续的。GARCH（1，1）和GARCH（1，0）公式给出了有意义的结果。

附表3-10至附表3-15发布了在整个时期和三个子时期的日价格结果。这些表格显示了ARCH和GARCH系数的总和以及假设的意义，它们的总和不低于基于Wald测试的单位和估计的假定回归变量的半衰期。

当选择整个时期的数据时，方差方程中由时间决定的虚拟变量的引入增大了R^2。在热油的案例中，由时间决定的虚拟变量是@trend，与该变量相关的系数是正的，表明该条件方差随着时间增长而增长。在所有的例子中，条件方差是固定的，并且其半衰期范围从0.5天到多于100天。残余渣油有两个判定公式，有或者没有GARCH检验。GARCH（1，1）的半衰期是GARCH（1，0）的半衰期的4倍。

附表 3-10 开始到 2007 年 3 月的名义日价格对数回归值的 GARCH 分析

参数	WTI	汽油	航空煤油	燃料油	柴油	残余渣油	液化气
统计显著方程	是	是	是 a	是	是	是	是
有限半衰期	是	是	—	是	是	是	是
ARCH 与 GARCH 回归系数的总和	0.99	0.99	—	0.97	0.96	0.73	0.24	0.99
半衰期月数	87	101	—	21	18	2.2	0.5	63
均值方程的滞后变量	3	3	—	1	1	1, 2	1, 2	无
GARCH 顺序	(1, 1)	(1, 1)	—	(1, 1)	(1, 1)	(1, 1)	(1, 0)	(1, 1)
方差方程的趋势变量	pd2	无	—	Trend	无	pd2	pd2	pd2

注：pd2 是第二子时期（2000.1—2003.12）的一个虚拟变量，Trend 为线性时间趋势，序列的观测值的趋势是每个观测值增长 1。

a. 价格被分类成第 3 章 3.4 下定义的四种类型。

附表 3-11 开始到 2007 年 12 月 14 日的名义日价格对数返回值的 GARCH 分析

参数	WTI	汽油	航空煤油	燃料油	柴油	残余渣油	液化气
统计显著方程	是	是	是 a	是	是	是	是
有限半衰期	是	是	—	是	是	是	是
ARCH 与 GARCH 回归系数的总和	1.00	0.99	—	0.97	0.96	0.76	0.24	0.99
半衰期月数	168	92	—	24	19	2	0.5	75
均值方程的滞后变量	3	3	—	1	1	1, 2	1, 2	无
GARCH 顺序	(1, 1)	(1, 1)	—	(1, 1)	(1, 1)	(1, 1)	(1, 0)	(1, 1)
方差方程的趋势变量	pd3	无	—	Trend	无	pd2	pd2	pd2

注：pd2 是第二子时期（2000.1—2003.12）的一个虚拟变量，pd3 是第三子时期（2004.1—2007.3）的一个虚拟变量，Trend 为线性时间趋势，序列的观测值的趋势是每个观测值增长 1。

a. 价格被分类成第 3 章 3.4 下定义的四种类型。

附表 3-12 开始到 1999 年 12 月的名义日价格对数返回值的 GARCH 分析

参数	WTI	汽油	航空煤油	燃料油	柴油	残余渣油	液化气
统计显著方程	是 [a]	是	是	是	是	是	是 [a]
有限半衰期	—	是	—	是	是	是	—
ARCH 与 GARCH 回归系数的总和	—	0.98	—	0.97	0.97	0.45	0.08
半衰期月数	—	44	—	21	17	0.9	0.3
均值方程的滞后变量	—	3, 5	—	3	2	1, 2	1, 2, 3, 4
GARCH 顺序	—	(1, 1)	—	(1, 1)	(1, 1)	(1, 1)	(1, 0)
方差方程的趋势变量	—	无	—	无	无	Trend	Trend

注：Trend 为线性时间趋势，序列的观测值的趋势是每个观测值增长 1。
a. 价格被分类成第 3 章 3.4 下定义的四种类型。

附表 3-13 2000 年 1 月到 2003 年 12 月的名义日价格对数返回值的 GARCH 分析

参数	WTI	汽油	航空煤油	燃料油	柴油	残余渣油	液化气
统计显著方程	是 [a]	是	是	是	是	是	是 [a]	是
有限半衰期	是	是	是	是	是	是	是	是
ARCH 与 GARCH 回归系数的总和	0.80	0.68	0.96	0.96	0.94	0.94	0.80	0.33	0.90
半衰期月数	3	2	19	19	11	12	3	0.6	7
均值方程的滞后变量	无	无	无	无	无	无	1	1	3
GARCH 顺序	(1, 1)	(1, 1)	(1, 1)	(1, 1)	(1, 1)	(1, 1)	(1, 1)	(1, 0)	(1, 1)
方差方程的趋势变量	无	无	无	无	无	无	Trend	Trend	Trend

注：Trend 为线性时间趋势，序列的观测值的趋势是每个观测值增长 1。
a. 价格被分类成第 3 章 3.4 下定义的四种类型。

附表 3-14 2004 年 1 月到 2007 年 3 月的名义日价格对数返回值的 GARCH 分析

参数	WTI	汽油	航空煤油	燃料油	柴油	残余渣油	液化气
统计显著方程	是	是	是	是	是	是	是
有限半衰期	否	是	是	是	是	是	是

续表

参数	WTI	汽油	航空煤油	燃料油	柴油	残余渣油	液化气
ARCH 与 GARCH 回归系数的总和	0.91	0.96	0.96	0.94	0.94	0.71	0.39	0.86
半衰期月数	—	15	16	12	10	2.0	0.7	5
均值方程的滞后变量	1	无	无	无	无	无	1, 2	1
GARCH 顺序	(1, 1)	(1, 1)	(1, 1)	(1, 1)	(1, 1)	(1, 1)	(1, 0)	(1, 1)
方差方程的趋势变量	无	无	Trend	无	无	无	Trend	无

注：Trend 为线性时间趋势，序列的观测值的趋势是每个观测值增长 1。

附表 3-15　2004 年 1 月到 2007 年 3 月的名义日价格对数返回值的 GARCH 分析

参数	WTI	汽油	航空煤油	燃料油	柴油	残余渣油	液化气
统计显著方程	是	是	是	是	是	是	是	是
有限半衰期	否	是	是	是	是	是	是	是
ARCH 与 GARCH 回归系数的总和	0.96	0.94	0.96	0.97	0.94	0.71	0.32	0.95
半衰期月数	—	11	15	23	11	2	1	15
均值方程的滞后变量	1	无	无	无	1	无	1, 2	1
GARCH 顺序	(1, 1)	(1, 1)	(1, 1)	(1, 1)	(1, 1)	(1, 1)	(1, 0)	(1, 1)
方差方程的趋势变量	无	无	Trend	无	Trend	无	Trend	无

注：Trend 为线性时间趋势，序列的观测值的趋势是每个观测值增长 1。

除了第三子时期的 WTI 原油，子时期中的条件方差一般是稳定的。在第一子时期，对于 WTI 原油、航空煤油、液化气没有一组有意义的均值和方差方程。在三个子时期中对于名义燃料油，与 GARCH（1，0）公式相比，GARCH（1，1）公式有更长的半衰期。

比较附表 3-10 和附表 3-11 表格、附表 3-15 和附表 3-14 表明从 2007 年 4 月开始到 11 月 14 日数据几乎没有差异。由附表 3-10 中 WTI 原油的方程被用于进行样本外检验、预测收益率和收益率方差。对比预测结果和实际价格收益率，结果如附图 3-1 所示。平均绝对百分误差取预测值和实际值（在相应价格返回值的情况下）之间差异的比率对于实际价值的绝对值。结果表明：预测的能力很差。

这时会发现在第 3 章讨论中期望发现的系统的、可预测的组成部分与历史方差有一个弱相关关系，并且只对在每种情况下每个时点的整体价格波动有很小的贡献。在 Theile 不等式系数情况下，偏见的平均比例显示预测的均值与实际序列相差多大；方差比例表明预测方差与实际序列方差相差多大；协方差比例测量剩余非系统预测误差。这三个因素加起来组成一体。结果表明，预测误差受方差比例控制。

附表 3–16 至附表 3–19 显示的是周价格的结果。在整个时期，只有液化气的 GARCH（1，1）公式的条件方差是稳定的并具有小于 1 到 12 周的半衰期。然而，GARCH（1，0）公式却产生了稳定的条件方差。对于最后一个子时期，不能发现原油、柴油和燃料油有意义的方程。除了最后一个子时期，在所有情况下航空煤油都具有稳定的条件方差。如果使用 GARCH（1，0）公式而不是 GARCH（1，1），在所有情况下液化气都具有稳定的条件方差。

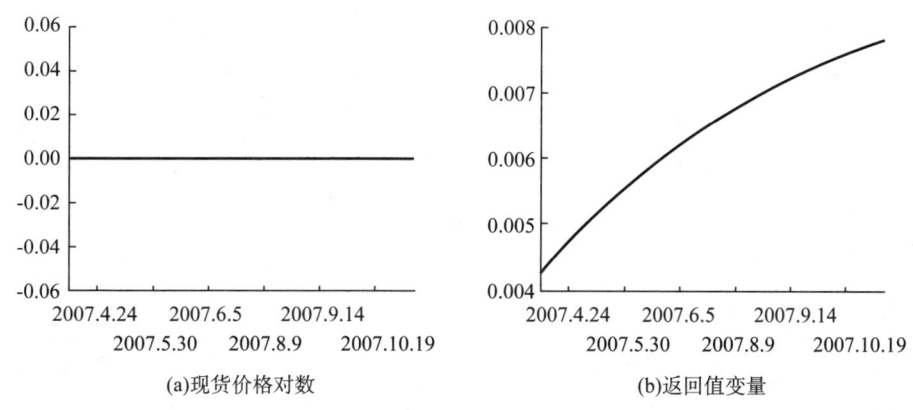

附图 3–1　2007 年 4 月 4 日至 12 月 14 日 WTI 原油现货日价格对数返回值与返回值变量的预测

附表 3–16　开始到 2007 年 3 月的名义周价格对数返回值的 GARCH 分析

参数	WTI	汽油	航空煤油	燃料油	柴油	残余渣油	液化气
统计显著方程	是	是	是	是	是	是	是
有限半衰期	否	是	是	是	是	是	否	是
ARCH 与 GARCH 回归系数的总和	0.94	0.93	0.92	0.89	0.79	0.89	0.09	0.96	0.43
半衰期月数	12	10	8	6	3	6	0.3	—	0.8

续表

参数	WTI	汽油	航空煤油	燃料油	柴油	残余渣油	液化气		
均值方程的滞后变量	1, 2	1	1, 2	1	1	1, 2	1, 2	1	1
GARCH 顺序	(1, 1)	(1, 1)	(1, 1)	(1, 1)	(1, 0)	(1, 1)	(1, 0)	(1, 0)	(1, 0)
方差方程的趋势变量	Jun99	pd2	无	Jun99	无	无	Mar99	pd2	Trend

注：pd2 是第二子时期（2000.1—2003.12）的一个虚拟变量，Jun99 是 1999 年 6 月各周的虚拟变量，Mar99 是 1999 年 3 月各周的虚拟变量，Trend 为线性时间趋势，序列的观测值的趋势是每个观测值增长 1。

附表 3-17 开始到 1999 年 12 月的名义周价格对数返回值的 GARCH 分析

参数	WTI	汽油	航空煤油	燃料油	柴油	残余渣油	液化气	
统计显著方程	是	是	否[a]	是	是	是	是	是
有限半衰期	否	是	—	是	是	是	否	是	是
ARCH 与 GARCH 回归系数的总和	0.95	0.95	—	0.91	0.92	0.33	0.96	0.33	0.43
半衰期月数	13	13	—	7	9	0.6	—	0.6	0.8
均值方程的滞后变量	1	1	—	1	1	无	1	1	1
GARCH 顺序	(1, 1)	(1, 1)	—	(1, 1)	(1, 1)	(1, 0)	(1, 0)	(1, 0)	(1, 0)
方差方程的趋势变量	无	无	—	无	无	无	无	Trend	Trend

注：Trend 为线性时间趋势，序列的观测值的趋势是每个观测值增长 1。
a. 价格被分类成第 3 章 3.4 下定义的四种类型。

附表 3-18 2000 年 1 月到 2003 年 12 月的名义周价格对数返回值的 GARCH 分析

参数	WTI	汽油	航空煤油	燃料油	柴油	残余渣油	液化气
统计显著方程	是[a]	否[a]	是	是	是	是	是	是
有限半衰期	—	—	是	是	是	是	否	是
ARCH 与 GARCH 回归系数的总和	—	—	0.14	0.14	0.15	0.90	1.0	0.42	0.43
半衰期月数	—	—	0.4	0.3	0.4	6.8	—	0.8	0.8
均值方程的滞后变量	—	—	无	无	1	1	1	1	1

续表

参数	WTI	汽油	航空煤油	燃料油	柴油	残余渣油	液化气
GARCH 顺序	—	—	(1, 0)	(1, 0)	(1, 1)	(1, 1)	(1, 0)	(1, 0)
方差方程的趋势变量	—	—	无	无	无	无	无	无	Trend

注：Trend 为线性时间趋势，序列的观测值的趋势是每个观测值增长1。

a. 价格被分类成第 3 章 3.4 下定义的四种类型。

附表 3-19 2004 年 1 月到 2007 年 3 月的名义周价格对数返回值的 GARCH 分析

参数	WTI	汽油	航空煤油	燃料油	柴油	残余渣油	液化气
统计显著方程	是 a	是	是	否 a	是 a	是	是	是	是
有限半衰期	—	是	否	—	—	否	是	是	是
ARCH 与 GARCH 回归系数的总和	—	0.51	0.88			0.93	0.18	0.84	0.39
半衰期月数	—	1					0.4	4	0.7
均值方程的滞后变量	—	无	1		1	无	1	
GARCH 顺序		(1, 0)	(1, 1)			(1, 1)	(1, 1)	(1, 1)	(1, 0)
方差方程的趋势变量		无	无			无	无	无	Trend

注：Trend 为线性时间趋势，序列的观测值的趋势是每个观测值增长1。

a. 价格被分类成第 3 章 3.4 下定义的四种类型。

附表 3-20 至附表 3-25 给出了月价格的结果，没有最后子时期的表格是因为没有发现有关任何燃料的有意义方程。在 1995 年 6 月和 1997 年 3 月之间还进行了 GARCH 分析，这个与 1995 年开始的对于所有燃料可用的价格数据的时间相一致。在这个子时期用共同的数据库可能发现只有对于航空煤油的有意义方程。统计学显著性方程存在于大部分情况中，但它们无法满足 ARCH 和 GARCH 系数为正并且总和小于等于 1 或者没有序列相关性的要求。对于燃料油（整个周期和第一个子时期）、航空煤油（整个周期、第一个子时期和 1995 年 6 月开始的子时期）和液化气（第一个子时期）条件方差是稳定的。

附表 3-21 和附表 3-25 重复用 2007 年 10 月的数据进行 GARCH 分析。随着日价格的变化，结果基本上与那些不包括在 2007 年 4 月和 10 月之间的价格序列是相同的。特别地，以 46 个月扩大附表 3-24 检验的价格序列并没有对附表 3-24

中的燃料统计学产生显著的和有意义的方程。而现在在附表 3-25 中液化气有一个有限的半衰期,因为 2 个月和 9 个月(附表 3-24)、1 个月和 9 个月(表附表 3-25)之后需要满足统计的要求,所以均值方程的形式呈现在附表 3-24 和附表 3-25 中显得比较无序。

附表 3-20　开始到 2007 年 3 月的名义月价格对数返回值的 GARCH 分析

参数	WTI	汽油	航空煤油	燃料油	柴油	残余渣油	液化气
统计显著方程	是	是	是[a]	是[a]	是	是[a]	是[a]
有限半衰期	否	是	—	否	是	—	—
ARCH 与 GARCH 回归系数的总和	0.82	0.29	—	0.87	0.20	—	—
半衰期月数	—	0.6	—	—	0.4	—	—
均值方程的滞后变量	1	1	—	1	1	—	—
GARCH 顺序	(1, 1)	(1, 0)	—	(1, 1)	(1, 0)	—	—
方差方程的趋势变量	无	无	—	无	无	—	—

a. 价格被分类成第 3 章 3.4 下定义的四种类型。

附表 3-21　开始到 2007 年 10 月的名义月价格对数返回值的 GARCH 分析

参数	WTI	汽油	航空煤油	燃料油	柴油	残余渣油	液化气
统计显著方程	是	是	是[a]	是	是	是[a]	是[a]
有限半衰期	否	是	—	否	是	—	—
ARCH 与 GARCH 回归系数的总和	0.82	0.29	—	0.87	0.34	—	—
半衰期月数	—	0.6	—	—	0.6	—	—
均值方程的滞后变量	1	1	—	1	无	—	—
GARCH 顺序	(1, 1)	(1, 0)	—	(1, 1)	(1, 0)	—	—
方差方程的趋势变量	无	无	—	无	无	—	—

a. 价格被分类成第 3 章 3.4 下定义的四种类型。

附表 3-22　1995 年 6 月到 2007 年 3 月的名义月价格对数返回值的 GARCH 分析

参数	WTI	汽油	航空煤油	燃料油	柴油	残余渣油	液化气
统计显著方程	是[a]	是[a]	是	是[a]	是[a]	是[a]	是[a]
有限半衰期	—	—	是	—	—	—	—
ARCH 与 GARCH 回归系数的总和	—	—	0.31	—	—	—	—
半衰期月数	—	—	0.6	—	—	—	—
均值方程的滞后变量	—	—	10, 13, 15	—	—	—	—
GARCH 顺序	—	—	(1, 0)	—	—	—	—
方差方程的趋势变量	—	—	无	—	—	—	—

a. 价格被分类成第 3 章 3.4 下定义的四种类型。

附表 3-23　开始到 1999 年 12 月的名义月价格对数返回值的 GARCH 分析

参数	WTI	汽油	航空煤油	燃料油	柴油	残余渣油	液化气
统计显著方程	是	是[a]	是	是	是[a]	是[a]	是[a]
有限半衰期	否	—	是	是	—	—	是
ARCH 与 GARCH 回归系数的总和	0.87	—	0.83	0.40	—	—	0.47
半衰期月数	—	—	4	0.8	—	—	0.9
均值方程的滞后变量	1	—	1	1	—	—	4
GARCH 顺序	(1, 1)	—	(1, 1)	(1, 0)	—	—	(1, 0)
方差方程的趋势变量	无	—	无	无	—	—	无

a. 价格被分类成第 3 章 3.4 下定义的四种类型。

附表 3-24　2000 年 1 月到 2003 年 12 月的名义月价格对数返回值的 GARCH 分析

参数	WTI	汽油	航空煤油	燃料油	柴油	残余渣油	液化气
统计显著方程	是[a]	是[a]	是[a]	是[a]	是[a]	是[a]	是
有限半衰期	—	—	—	—	—	—	否
ARCH 与 GARCH 回归系数的总和	—	—	—	—	—	—	0.91
半衰期月数	—	—	—	—	—	—	—

续表

参数	WTI	汽油	航空煤油	燃料油	柴油	残余渣油	液化气
均值方程的滞后变量	—	—	—	—	—	—	29
GARCH 顺序	—	—	—	—	—	—	(1, 0)
方差方程的趋势变量	—	—	—	—	—	—	无

a. 价格被分类成第 3 章 3.4 下定义的四种类型。

附表 3-25　2000 年 1 月到 2007 年 10 月的名义月价格对数返回值的 GARCH 分析

参数	WTI	汽油	航空煤油	燃料油	柴油	残余渣油	液化气
统计显著方程	是[a]	是[a]	是[a]	是[a]	是[a]	是[a]	是
有限半衰期	—	—	—	—	—	—	是
ARCH 与 GARCH 回归系数的总和	—	—	—	—	—	—	0.49
半衰期月数	—	—	—	—	—	—	1
均值方程的滞后变量	—	—	—	—	—	—	1, 9
GARCH 顺序	—	—	—	—	—	—	(1, 0)
方差方程的趋势变量	—	—	—	—	—	—	无

a. 价格被分类成第 3 章 3.4 下定义的四种类型。

附表 3-26 对比了 Lee 和 Zyren（2007）以及那些包含在本文（上面概述）后面程序中的结果。虽然研究结果类似，但也存在不同之处，在 Lee 和 Zyren 研究中的周价格代表每周最后交易日的价格，而本文周价格采用整周的平均值。就像 WTI 原油，当 ARCH 和 GARCH 系数之和接近一致时，在总和中的一个小差异便会导致在半衰期中的显著差异。

附表 3-26　1990 年 1 月到 2005 年 5 月名义周价格对数返回值的 GARCH 分析

燃料	Lee 和 Zyren		本文	
	总和[a]	半衰期周数	总和[a]	半衰期周数
WTI 原油	0.93	10	0.95	14
汽油	0.93	10	0.92	8
燃料油	0.88	5	0.86	5

资料来源：Lee 和 Zyren, 2007, 以及作者计算。

a. ARCH 与 GARCH 回归系数的总和。

附 3.4 趋向测试

附表 3-27 至附表 3-32 显示的是对名义日价格和实际日价格进行一系列趋向测试的结果。如附录 2 中提到的,这里的价格不采用对数。正如预期的那样,返回值和周期返回值的研究结果都是相似的。除了名义价格和实际价格返回类似的结果,最大和最小累积周期可能会有增加到接近两倍的差别。对于整个期间,有为数不多的汽油、残余渣油、液化气(附表 3-27 和附表 3-28 前两行的结果)的趋向。

附表 3-27　开始至 2007 年 3 月名义日价格趋向测试

	参数	WTI	汽油	航空煤油	燃料油	柴油	残余渣油	液化气
	$(w-\mu) \div \delta$ 返回值	0.91	−2.86	−0.01	1.63	0.85	−14.17	−4.62
	$(w-\mu) \div \delta$ 周期返回值	1.24	−2.19	0.53	1.63	0.44	−21.96	−6.64
累计周期	最大值,美元	244	596	498	335	428	223	160
	最小值,美元	−291	−332	−328	−307	−315	−118	−171
	平均值,美元	0	25	9	0.5	−12	7	0
	负比例	54	38	49	52	64	48	50
	最大停留月数	9.3	4.7	4.6	5.9	6.5	4.7	7.2

附表 3-28　开始至 2007 年 3 月实际日价格趋向测试

	参数	WTI	汽油	航空煤油	燃料油	柴油	残余渣油	液化气
	$(w-\mu) \div \delta$ 返回值	0.91	−2.68	0.11	1.74	1.01	−13.95	−4.79
	$(w-\mu) \div \delta$ 周期返回值	1.44	−2.19	0.47	1.98	0.74	−21.12	−6.62
累计周期	最大值,美元	304	608	494	324	414	223	204
	最小值,美元	−442	−332	−495	−465	−299	−112	−173
	平均值,美元	−4	34	12	1	−13	9	0
	负比例	56	37	48	52	64	47	50
	最大停留月数	9.3	4.8	4.6	5.9	6.5	4.6	7.1

附表3-29 开始至1999年12月名义日价格趋向测试

	参数	WTI	汽油	航空煤油	燃料油	柴油	残余渣油	液化气
	$(w-\mu)\div\delta$ 返回值	0.76	−3.17	0.02	0.88	0.91	−10.73	−4.26
	$(w-\mu)\div\delta$ 周期返回值	1.01	−2.49	0.24	1.45	0.79	−18.75	−6.96
累计周期	最大值，美元	203	202	299	209	95	92	160
	最小值，美元	−291	−222	−328	−307	−106	−50	−135
	平均值，美元	−4	15	6	0	−5	6	0
	负比例	55	38	47	50	62	51	48
	最大停留月数	9.3	4.7	4.6	5.4	5.5	4.7	7.2

附表3-30 开始至1999年12月实际日价格趋向测试

	参数	WTI	汽油	航空煤油	燃料油	柴油	残余渣油	液化气
	$(w-\mu)\div\delta$ 返回值	0.77	−3.01	0.19	1.08	0.91	−10.67	−4.39
	$(w-\mu)\div\delta$ 周期返回值	1.38	−2.52	0.40	1.75	0.91	−18.39	−7.14
累计周期	最大值，美元	304	306	453	315	122	115	204
	最小值，美元	−442	−332	−495	−465	−135	−61	−173
	平均值，美元	−9	22	9	0	−7	7	−1
	负比例	57	37	45	51	62	51	49
	最大停留月数	9.3	4.8	4.6	5.5	5.6	4.6	7.1

附表3-31 2000年1月至2003年12月名义日价格趋向测试

	参数	WTI	汽油	航空煤油	燃料油	柴油	残余渣油	液化气
	$(w-\mu)\div\delta$ 返回值	−0.46	−1.44	−0.60	1.60	0.22	−6.77	−0.54
	$(w-\mu)\div\delta$ 周期返回值	0.04	−1.50	−0.29	0.67	−0.06	−9.19	−1.09
累计周期	最大值 美元	134	218	230	241	213	144	195
	最小值 美元	−99	−146	−145	−130	−134	−132	−68
	平均值 美元	10	45	14	19	0	−26	44
	负比例	43	30	48	47	58	78	27
	最大停留月数	1.9	2.1	2.4	5.3	6.3	3.8	9.3

附表 3-32　2004 年 1 月至 2007 年 3 月名义日价格趋向测试

参数		WTI	汽油	航空煤油	燃料油	柴油	残余渣油	液化气
$(w-\mu) \div \delta$ 返回值		1.37	0.82	0.60	0.48	0.32	−5.98	−2.22
$(w-\mu) \div \delta$ 周期返回值		1.05	1.10	1.07	0.51	0.07	−8.16	−2.09
累计周期	最大值 美元	275	684	538	360	486	205	203
	最小值 美元	−118	−245	−247	−207	−257	−137	−111
	平均值 美元	43	137	59	21	35	−7	59
	负比例	33	23	37	44	44	60	27
	最大停留月数	2.2	2.2	2.7	4.5	4.4	2.9	7.2

累计周期月份的百分比要求从燃料到燃料和从子时期到子时期是负变化的。最低的是汽油 2004 年 1 月和 2007 年 3 月的 23%；最大的是残余渣油从 2000 年 1 月至 2003 年 12 月。对于前者来说，累积周期平均 137 美元 / 桶；对于后者来说，平均 26 美元 / 桶。最大的循环累积停留是在 1986 年和 1987 年 WTI 原油的 9 个月，那段时间周期都是负的。

名义周价格结果列示在附表 3-33 到附表 3-36 中。在考虑的整个周期，没有每种燃料的返回值的趋向。一个日常价格的显著差异是累计周期的最大停留累积周期明显很长。例如，考虑到整个周期，比起 5 至 9 个月观测的每日价格范围，最大停留从 21 个月到 46 个月都变化。每周 WTI 原油和汽油价格的负累积周期月份比例比考虑的全时期和第一子时期的每日价格的大，但明显比 2000 年 1 月和 2003 年 12 月之间的小。在所有情况中，每周的最大和最小累计周期的量比每日价格的要小。

附表 3-37 和附表 3-39 给出了名义月价格的结果。没有价格返回值无趋向的情况。累计周期的最大停留比周价格长。整个周期，月价格的负累计周期明显比其他 2000 年 1 月与 2007 年 3 月之间的平均时期小。相应地，正累计周期月份的百分比高，这说明了 2000 年 1 月开始基于 HP 滤波的石油价格平稳在大多数时间是负的。最大和最小的累计周期的量比日价格和周价格小。

附表 3-33　开始至 2007 年 3 月名义周价格趋向测试

参数	WTI	汽油	航空煤油	燃料油	柴油	残余渣油	液化气
$(w-\mu) \div \delta$ 返回值	−2.94	−4.97	−2.53	−4.25	−3.72	−9.19	−5.39

续表

	参数	WTI	汽油	航空煤油	燃料油	柴油	残余渣油	液化气
	$(w-\mu)\div\delta$ 周期返回值	−2.08	−4.97	−2.45	−3.38	−3.63	−8.06	−3.71
累计周期	最大值 美元	95	186	129	115	154	81	92
	最小值 美元	−103	−120	−127	−96	−110	−96	−61
	平均值 美元	−10	0	0	0	0	0	0
	负比例	63	48	48	49	53	47	52
	最大停留月数	26	24	46	26	26	21	25

附表 3−34 开始至 1999 年 12 月名义周价格趋向测试

	参数	WTI	汽油	航空煤油	燃料油	柴油	残余渣油	液化气
	$(w-\mu)\div\delta$ 返回值	−2.28	−5.11	−2.20	−3.23	−1.63	−6.89	−3.03
	$(w-\mu)\div\delta$ 周期返回值	−1.35	−4.96	−2.45	−2.41	−1.89	−7.12	−1.26
累计周期	最大值 美元	63	58	103	82	41	39	47
	最小值 美元	−103	−79	−127	−96	−69	−51	−55
	平均值 美元	−11	−1	−1	−1	−3	−1	−1
	负比例	63	48	43	48	50	48	48
	最大停留月数	26	24	46	26	26	16	25

附表 3−35 2000 年 1 月至 2003 年 12 月名义周价格趋向测试

	参数	WTI	汽油	航空煤油	燃料油	柴油	残余渣油	液化气
	$(w-\mu)\div\delta$ 返回值	−1.03	−0.81	−0.69	−2.37	−2.93	−5.44	−3.05
	$(w-\mu)\div\delta$ 周期返回值	−1.05	−0.42	−0.40	−2.37	−2.97	−3.79	−2.47
累计周期	最大值 美元	108	164	143	141	135	112	138
	最小值 美元	−3	−4	2	0	−7	−24	−9
	平均值 美元	54	76	71	70	66	42	50
	负比例	5	2	0	0	6	33	11
	最大停留月数	25	47	48	48	29	20	30

附表 3-36 2004 年 1 月至 2007 年 3 月名义周价格趋向测试

参数		WTI	汽油	航空煤油	燃料油	柴油	残余渣油	液化气
$(w-\mu) \div \delta$ 返回值		−1.87	−1.22	−1.22	−1.81	−2.09	−3.28	−3.66
$(w-\mu) \div \delta$ 周期返回值		−1.65	−1.84	−1.02	−1.30	−1.61	−2.46	−3.51
累计周期	最大值美元	114	223	137	111	155	43	70
	最小值美元	−54	−83	−113	−100	−110	−133	−48
	平均值美元	2	31	−1	−14	−10	−41	12
	负比例	63	37	51	62	67	90	26
	最大停留月数	11	11	11	20	10	30	11

附表 3-37 开始至 2007 年 3 月名义月价格趋向测试

参数		WTI	汽油	航空煤油	燃料油	柴油	残余渣油	液化气
$(w-\mu) \div \delta$ 返回值		−1.63	0.41	−1.80	−1.99	−1.38	0.21	−1.56
$(w-\mu) \div \delta$ 周期返回值		−0.99	1.03	−1.04	−1.32	−0.28	−0.53	−0.97
累计周期	最大值美元	41	76	65	61	70	39	53
	最小值美元	−55	−59	−66	−65	−66	−47	−42
累计周期	平均值美元	−8	0	0	0	0	0	0
	负比例	61	50	45	46	46	49	53
	最大停留月数	35	39	35	42	36	30	33

附表 3-38 开始至 1999 年 12 月名义月价格趋向测试

参数		WTI	汽油	航空煤油	燃料油	柴油	残余渣油	液化气
$(w-\mu) \div \delta$ 返回值		−1.01	−0.23	−1.29	−1.57	−0.66	−0.22	−1.48
$(w-\mu) \div \delta$ 周期返回值		−1.31	−0.79	−1.30	−1.25	−0.66	−0.09	−0.62
累计周期	最大值美元	27	40	39	39	37	27	30
	最小值美元	−55	−52	−58	−56	−55	−40	−42

续表

参数		WTI	汽油	航空煤油	燃料油	柴油	残余渣油	液化气
累计周期	平均值 美元	−6	−1	−1	−1	−3	−1	−2
	负比例	62	51	48	50	55	54	53
	最大停留月数	35	39	30	42	25	30	33

附表 3-39 2000 年 1 月至 2007 年 3 月名义月价格趋向测试

参数		WTI	汽油	航空煤油	燃料油	柴油	残余渣油	液化气
$(w-\mu) \div \delta$ 返回值		−0.80	0.25	−0.91	−0.81	−0.80	−0.08	−0.91
$(w-\mu) \div \delta$ 周期返回值		0.32	0.61	−0.05	−0.39	0.32	−0.95	−0.95
累计周期	最大值 美元	87	125	117	112	120	74	91
	最小值 美元	−4	−9	−14	−14	−17	−11	−5
	平均值 美元	40	51	54	52	51	37	39
	负比例	6	8	17	16	17	9	0
	最大停留月数	54	89	53	53	53	61	89

附表 3-40 到附表 3-42 比较了最长时期趋向测试的结果，这期间所有燃料价格和平均时期（1995 年 9 月到 2007 年 3 月）的数据是可用的。返回值趋向表明，检验周价格时基本没有趋向，但是名义燃料油和液化气出现在日价格的情况上，对于月价格没有这种情况。用月价格测试时，对于每种燃料累计周期的平均值是正的，但是多半燃料的周价格和日价格是负的。观察到日常的汽油价格，最大的负平均累积周期是 45 美元/桶。当累计周期为负时，日价格月份百分比最大，其次是周价格，然后是月价格和日价格。累计周期最大停留是 4 至 8 个月，周价格是 21 到 28 个月，月价格是 27 到 40 个月。基于 HP 滤波的假设价格平稳的石油平衡标志在平均水平上从日价格时的正方向向月价格的负方向变化。利用日序列的正平，价格将基于日基准调整，导致了更大的价格波动和更高的管理费用。

附表 3-40 1995 年 9 月至 2007 年 3 月名义日价格趋向测试

参数	WTI	汽油	航空煤油	燃料油	柴油	残余渣油	液化气
$(w-\mu) \div \delta$ 返回值	−0.42	−0.60	0.24	1.78	0.85	−12.94	−3.34

续表

	参数	WTI	汽油	航空煤油	燃料油	柴油	残余渣油	液化气
$(w-\mu)\div\delta$ 周期返回值		0.08	−0.26	0.99	1.73	0.44	−18.71	−4.66
累计周期	最大值 美元	230	512	497	333	427	216	156
累计周期	最小值 美元	−164	−417	−288	−234	−316	−125	−175
累计周期	平均值 美元	−10	−45	9	−2	−13	0	−4
累计周期	负比例	66	79	52	58	65	53	55
累计周期	最大停留月数	5.3	6.5	4.6	8.0	6.5	4.7	5.6

附表 3-41　1995 年 9 月至 2007 年 3 月名义周价格趋向测试

	参数	WTI	汽油	航空煤油	燃料油	柴油	残余渣油	液化气
$(w-\mu)\div\delta$ 返回值		−3.15	−2.19	−1.93	−4.20	−3.91	−7.90	−5.72
$(w-\mu)\div\delta$ 周期返回值		−2.00	−2.36	−1.38	−3.13	−3.82	−6.81	−4.02
累计周期	最大值 美元	101	166	149	126	157	79	89
累计周期	最小值 美元	−68	−140	−108	−85	−107	−98	−65
累计周期	平均值 美元	−5	−21	13	10	2	−2	−4
累计周期	负比例	58	63	45	46	51	51	56
累计周期	最大停留月数	24	23	28	27	26	21	25

附表 3-42　1995 年 9 月至 2007 年 3 月名义月价格趋向测试

	参数	WTI	汽油	航空煤油	燃料油	柴油	残余渣油	液化气
$(w-\mu)\div\delta$ 返回值		−0.73	0.13	−1.20	−1.20	−1.27	0.05	−1.69
$(w-\mu)\div\delta$ 周期返回值		0.56	0.19	−0.41	−0.72	−0.18	−0.73	−1.60
累计周期	最大值 美元	61	86	84	80	79	43	64
累计周期	最小值 美元	−35	−49	−47	−46	−58	−42	−31
累计周期	平均值 美元	12	10	19	19	9	5	11
累计周期	负比例	34	36	32	32	39	39	42
累计周期	最大停留月数	40	39	40	40	38	32	27

附录4 发展中国家价格的统计分析

附件4用于补充第4章内容并提供额外的智利、加纳、印度、菲律宾和泰国的燃料油价格分析结果。为此，对于每个国家的国际原油和石油产品价格适用美元和各自的当地货币。这些价格不包括税款和其他燃料费用，以及运输、分销和零售成本与利润。

附4.1 数据范围和方法

价格信息的来源除了美国墨西哥湾沿岸还有能源情报（Energy Intelligence），能源情报只提供月度数据。美国能源信息署网站获取美国墨西哥原油价格并用以等效计算智利国内的价格）的之外，新加坡产品价格也被用于菲律宾和泰国，鹿特丹价格用于加纳，而波斯湾价格用于印度。为便于比较，给出了以每桶为基准的所有价格。附表4-1给出了对每种考虑的商品可用的首月数据。除了美国墨西哥湾沿岸价格的所有价格外，其他数据均开始于1987年1月。

附表4-1 首月价格数据序列

商品	开始日期
WTI	1986年1月
美国墨西哥湾沿岸常规汽油	1986年6月
美国墨西哥湾沿岸航空煤油	1990年4月
美国墨西哥湾沿岸燃料油	1986年6月
美国墨西哥湾沿岸柴油	1995年5月
美国墨西哥湾沿岸残余渣油	1993年7月
得克萨斯州Mont Belvieu液化气	1992年7月
印度尼西亚米纳斯-34	1987年1月
新加坡高级汽油	1987年1月
新加坡航空煤油	1987年1月
新加坡瓦斯油	1987年1月
新价格残余渣油（含3.5%硫黄，180厘斯①）	1987年1月
尼日利亚伯尼轻质原油-37	1987年1月
鹿特丹常规汽油	1987年1月

续表

商品	开始日期
鹿特丹航空煤油	1987年1月
鹿特丹瓦斯油	1987年1月
鹿特丹残余渣油（含3.5%硫黄）	1987年1月
迪拜法塔赫−32	1987年1月
波斯湾高级汽油	1987年1月
波斯湾航空煤油	1987年1月
波斯湾瓦斯油	1987年1月
波斯湾残余渣油（含3.5%硫黄，380厘斯）	1987年1月

资料来源：美国能源信息署2008和能源情报2008。

① 1厘斯（cSt）= 10^{-6} 米^2/秒（m^2/s）。

检验了三个子时期和全时期的物价水平与价格波动差异。这三个子时期分别是：第一，从价格可用的首月开始到1999年6月（附表4-2）；第二，从1999年7月到2003年12月；第三，从2004年1月到2008年1月。扩张的Dickey-Fuller测试、GARCH分析、趋向测试以价格可用的2007年3月为首月进行。他们还检验了两个子时期，第一个在1999年6月结束，第二个以1999年7月开始到2007年3月结束。第二个子时期没有进一步分离，因为当月价格进行测试时，大多数的燃料价格没有产生有意义的方程，尽管使用更长的时间跨度从1999年7月到2007年3月。因此进一步细分没有获得任何有意义的方程。

第4章总结了ADF测试的结果，这里并没有给出。本附录中只呈现了GARCH分析和趋向分析的结果。

除了测试@trend（见附录3）和pd1（在附录4中被定义覆盖从开始到1999年6月的时期）在GARCH分析的条件方差方程中作为虚拟变量之外，pd3（包括2004年1月至2007年3月）也被测试，其余都是一样的，在这里报告了最大的R_2值的方程。对于趋向测试，报告了$(w-\mu) \div \sigma$（在附录2中定义）的值。当地货币的周期基于当地价格计算的Hodrick-Prescott过滤。

附4.2 智利

附表4-2显示了三个子时期（从开始到1999年6月、1999年7月到2003年12月、2004年1月至2008年1月）的和整个时期（从开始到2008年1月）的均值价格。在附表4-3中给出了美元与智利比索价格上涨的差异。

附表 4-3 给出了 2008 年 1 月与 2004 年 1 月燃料油价格的比率。美元对智利比索价格的比率持续低，预示着智利比索对美元升值。观察到的最大价格上涨是残余渣油。

附表 4-2 智利各时期平均价格

价格	时期	原油	汽油	柴油	航空煤油	瓦斯油	残余渣油
名义价格，美元	1	18.91	22.98	20.86	22.31	21.12	12.48
	2	27.79	32.43	31.04	31.61	30.32	20.35
	3	59.76	70.07	72.65	73.32	69.15	40.55
	全时期	28.27	36.15	42.01	33.64	31.88	19.28
名义价格，智利比索	1	6584	9046	9038	7741	7336	4316
	2	17436	20340	19469	19806	19024	12821
	3	32617	38293	39591	39979	37697	22029
	全时期	13609	18592	23150	16160	15332	9324
实际价格，美元	1	29.89	31.51	26.38	32.97	31.20	18.47
	2	31.75	37.04	35.46	36.12	34.64	23.23
	3	60.51	70.97	73.50	74.21	69.99	40.96
	全时期	34.71	41.94	45.55	41.24	39.07	23.60
实际价格，智利比索	1	15093	15933	12128	17875	16909	9999
	2	19849	23151	22165	22557	21657	14577
	3	33130	38930	40189	40593	38273	22304
	全时期	19397	23020	25258	23030	21827	13207
美元计价名义价格上升百分点	2/1[a]	47	41	49	42	44	63
	3/2[a]	115	116	134	132	128	99
	3/1[a]	216	205	248	229	227	225
智利比索计价名义价格上升百分点	2/1[a]	165	125	115	156	159	197
	3/2[a]	87	88	103	102	98	72
	3/1[a]	395	323	338	416	414	410
美元计价实际价格上升百分点	2/1[a]	14	18	34	10	11	26
	3/2[a]	91	92	107	105	102	76
	3/1[a]	117	125	179	125	124	122

续表

价格	时期	原油	汽油	柴油	航空煤油	瓦斯油	残余渣油
智利比索计价实际价格上升百分点	2/1[a]	32	45	83	26	28	46
	3/2[a]	67	68	81	80	77	53
	3/1[a]	120	144	231	127	126	123

资料来源：美国能源信息署2008和作者计算。

注：子时期1从开始到1999年6月，子时期2从1999年7月到2003年12月，子时期3从2004年1月到2008年1月，全时期是从开始到2008年1月。实际价格以2007年1月为基准货币单位。

a. 以美元计算的子时期1到子时期2的价格上涨（子时期2相比于子时期1上升的百分点）是指减去这两个时期智利比索上涨的价格。

附表4-3 2008年1月与2004年1月智利的价格比率

货币	原油	汽油	柴油	航空煤油	瓦斯油	残余渣油
名义美元价格	2.7	2.3	2.7	2.6	2.6	3.1
名义智利比索价格	2.3	2.0	2.2	2.2	2.2	2.6
实际美元价格	2.4	2.1	2.3	2.3	2.3	2.7
实际智利比索价格	1.9	1.7	1.9	1.9	1.9	2.2

资料来源：美国能源信息署2008和作者计算。

附表4-4显示了月价格和汇率对数返回值的标准差。除了第一个子时期，智利比索的价格波动性基本相同并且更大。波动率随着汇率波动的增大而增加。

附表4-5至附表4-7显示了当地月价格的对数返回值的GARCH分析结果。在等式中滞后15的存在对于第一子时期的名义燃料油是任意的，这是仅有的不显示序列相关性并通过ARCH检验的公式。同样，对于第一子时期汽油的条件均值方程的ARCH（1，1）公式，滞后1、2、4、7的存在是任意的，但保留较少具有统计学意义的方程。因为这个原因，GARCH（1，0）公式似乎更可信。

附表4-8至附表4-13显示了对美元和智利比索价格的趋向检验的结果。从整体来看，返回值的趋向产生相似的结果，而当地货币的累计返回值比美元更趋于正值。

附表4-4 智利月价格和汇率对数返回值的标准差

价格	时期	原油	汽油	柴油	航空煤油	瓦斯油	残余渣油	汇率
名义价格美元	1	0.087	0.102	0.081	0.091	0.086	0.130	—
	2	0.081	0.120	0.089	0.088	0.089	0.118	—

续表

价格	时期	原油	汽油	柴油	航空煤油	瓦斯油	残余渣油	汇率
名义价格 美元	3	0.070	0.116	0.086	0.091	0.080	0.090	—
	全时期	0.083	0.110	0.086	0.091	0.086	0.121	—
名义价格 智利比索	1	0.087	0.099	0.079	0.090	0.087	0.130	0.015
	2	0.087	0.124	0.095	0.095	0.095	0.121	0.025
	3	0.074	0.116	0.088	0.093	0.081	0.092	0.021
	全时期	0.085	0.110	0.088	0.092	0.087	0.122	0.019
实际价格 美元	1	0.086	0.101	0.080	0.090	0.085	0.130	—
	2	0.080	0.119	0.088	0.088	0.088	0.117	—
	3	0.068	0.113	0.084	0.088	0.078	0.088	—
	全时期	0.082	0.108	0.084	0.090	0.085	0.120	—
实际价格 智利比索	1	0.085	0.097	0.079	0.089	0.084	0.129	—
	2	0.086	0.123	0.095	0.095	0.095	0.121	—
	3	0.073	0.116	0.087	0.091	0.090	0.091	—
	全时期	0.083	0.108	0.087	0.091	0.086	0.121	—

注：子时期1从开始到1999年6月，子时期2从1999年7月到2003年12月，子时期3从2004年1月到2008年1月，全时期是从开始到2008年1月。实际价格以2007年1月为基准货币单位。

附表4—5 开始到2007年3月智利比索名义月价格对数返回值的GARCH分析

参数	原油	汽油	柴油	航空煤油	瓦斯油	残余渣油
统计显著方程	是	是	是[a]	是[a]	是	是	是	是
有限半衰期	否	是	—	—	是	否	是	是
ARCH 和 GARCH 回归系数的总和	0.84	0.30	—	—	0.18	0.90	0.16	0.33
半衰期月数	—	0.6	—	—	0.4	—	0.4	0.6
均值方程的滞后变量	1	1	—	—	2	1	1	1, 2
GARCH 顺序	(1, 1)	(1, 0)	—	—	(1, 0)	(1, 1)	(1, 0)	(1, 0)
方差方程的趋势变量	无	无	—	—	无	无	无	Pd3

注：pd3是2004年1月到2007年3月数据的虚拟变量。
a. 价格被分类成第3章3.4下定义的四种类型。

附表 4-6　开始到 1999 年 6 月智利比索名义月价格对数返回值的 GARCH 分析

参数	原油	汽油	柴油	航空煤油	瓦斯油	残余渣油
统计显著方程	是	是	是[a]	否[a]	是	是	是
有限半衰期	否	是	—	—	是	否	是	是
ARCH 和 GARCH 回归系数的总和	0.87	0.50	—	—	0.21	0.87	0.30	0.26
半衰期月数	—	1	—	—	0.4	—	0.6	0.5
均值方程的滞后变量	1	1	—	—	2, 4	1, 2, 4, 7	1	15
GARCH 顺序	(1, 1)	(1, 0)	—	—	(1, 0)	(1, 1)	(1, 0)	(1, 0)
方差方程的趋势变量	无	无	—	—	Trend	无	无	无

注：Trend 是序列中对每个观测值加一增量的线性时间趋势。
a. 价格被分类成第 3 章 3.4 下定义的四种类型。

附表 4-7　1999 年 7 月到 2007 年 3 月智利比索名义月价格对数返回值的 GARCH 分析

参数	原油	汽油	柴油	航空煤油	瓦斯油	残余渣油
统计显著方程	是	是	是[a]	是[a]	是	是	是	是
有限半衰期	—	—	—	—	—	—	—	是
ARCH 和 GARCH 回归系数的总和	—	—	—	—	—	—	—	0.42
半衰期月数	—	—	—	—	—	—	—	0.8
均值方程的滞后变量	—	—	—	—	—	—	—	1, 2
GARCH 顺序	—	—	—	—	—	—	—	(1, 0)
方差方程的趋势变量	—	—	—	—	—	—	—	无

a. 价格被分类成第 3 章 3.4 下定义的四种类型。

附表 4-8　开始到 2007 年 3 月以美元计价智利名义月价格的趋向检验

参数	原油	汽油	航空煤油	燃料油	柴油	残余渣油
$(w-\mu) \div \delta$ 返回值	−1.63	−0.49	−0.89	−1.72	−1.52	−2.07
$(w-\mu) \div \delta$ 周期返回值	−1.00	−0.23	−0.23	−1.76	−11.84	−1.10

续表

	参数	原油	汽油	航空煤油	燃料油	柴油	残余渣油
累计周期	最大值，美元	67	92	12	−2	103	−5
	最小值，美元	−97	−111	−227	−225	−136	−158
	平均值，美元	−7	0	−98	−101	0	−85
	负比例	60	48	97	100	40	100
	最大停留月数	57	41	182	254	36	254

附表 4-9 开始到 2007 年 3 月以智利比索计价智利名义月价格的趋向检验

	参数	原油	汽油	航空煤油	燃料油	柴油	残余渣油
	$(w-\mu)\div\delta$ 返回值	−1.42	−0.99	−1.02	−1.73	−0.86	−2.32
	$(w-\mu)\div\delta$ 周期返回值	−0.50	−0.80	−0.48	−1.76	−0.40	−1.13
累计周期	最大值，比索	23234	38703	19462	15069	33556	9726
	最小值，比索	−34127	−36098	−66056	−63368	−51432	−35532
	平均值，比索	−1591	0	−14134	−14202	0	−9519
	负比例	48	38	82	83	41	84
	最大停留月数	92	96	93	92	36	124

附表 4-10 开始到 1999 年 6 月以美元计价智利名义月价格的趋向检验

	参数	原油	汽油	航空煤油	燃料油	柴油	残余渣油
	$(w-\mu)\div\delta$ 返回值	−0.85	−1.14	−0.24	−1.15	−0.40	−1.13
	$(w-\mu)\div\delta$ 周期返回值	−1.13	−1.31	0.08	−1.49	−6.89	−0.50
累计周期	最大值，美元	43	57	−8	−5	63	−5
	最小值，美元	−48	−45	−167	−171	−41	−116
	平均值，美元	−2	9	−93	−96	26	−82
	负比例	60	40	100	100	16	100
	最大停留月数	57	39	161	161	36	161

附表 4-11 开始到 2007 年 3 月以智利比索计价智利名义月价格的趋向检验

参数	原油	汽油	航空煤油	燃料油	柴油	残余渣油
$(w-\mu)\div\delta$ 返回值	−0.85	−1.14	−0.24	−1.15	−0.40	−1.13

续表

	参数	原油	汽油	航空煤油	燃料油	柴油	残余渣油
	$(w-\mu)\div\delta$ 周期返回值	−1.13	−1.31	−0.08	−1.49	−6.89	−0.50
累计周期	最大值,美元	43	57	−8	−5	63	−5
	最小值,美元	−48	−45	−167	−171	−41	−116
	平均值,美元	−2	9	−93	−96	26	−82
	负比例	60	40	100	100	16	100
	最大停留月数	57	39	161	161	36	161

附表 4-12 1999 年 7 月到 2007 年 3 月以美元计价智利名义月价格的趋向检验

	参数	原油	汽油	航空煤油	燃料油	柴油	残余渣油
	$(w-\mu)\div\delta$ 返回值	−0.78	0.66	−0.81	−0.81	−0.78	−1.86
	$(w-\mu)\div\delta$ 周期返回值	0.09	0.94	−0.53	−0.89	−9.92	−1.15
累计周期	最大值,美元	115	137	151	139	144	69
	最小值,美元	−49	−66	−88	−83	−95	−43
	平均值,美元	32	34	33	32	29	26
	负比例	28	26	30	31	32	22
	最大停留月数	49	50	47	46	48	59

附表 4-13 1999 年 7 月到 2007 年 3 月以智利比索计价智利名义月价格的趋向检验

	参数	原油	汽油	航空煤油	燃料油	柴油	残余渣油
	$(w-\mu)\div\delta$ 返回值	−0.20	−0.20	−0.99	−0.31	−0.13	−2.42
	$(w-\mu)\div\delta$ 周期返回值	0.37	0.09	−0.43	0.51	0.15	−1.15
累计周期	最大值,美元	54454	73563	67993	62663	61477	43034
	最小值,美元	−1502	−1238	−17525	−15774	−23506	−1723
	平均值,美元	24875	27558	26953	26016	21098	20107
	负比例	5	6	24	23	26	4
	最大停留月数	56	62	50	50	50	66

附4.3 加纳

附表4-14显示了每个子时期和全时期的平均价格以及子时期价格上涨的百分比。以当地货币单位计量的名义价格上涨是相当大的，第三个子时期比第一个子时期高达3000%（或者是名义价格上涨比例的15倍），预示着在研究阶段的高通货膨胀率。对于实际价格，价格序列终止于2007年11月，因为消费物价指数只提供到那个月。

附表4-15给出了2008年1月与2004年1月燃料油价格的比率。这个比率对于名义塞地价格持续升高，对于实际塞地价格持续降低。

附表4-14 加纳各时期平均价格

价格	时期	原油	汽油	航空煤油	瓦斯油	残余渣油
名义价格，美元	1	18.25	21.78	23.77	22.14	13.42
	2	26.33	30.72	32.96	30.59	20.81
	3	59.56	66.01	74.82	69.95	40.87
	全时期	27.97	32.25	35.62	33.21	20.31
名义价格，塞地	1	16263	19272	21140	19783	12420
	2	181950	211261	227680	212032	144100
	3	548207	606956	688294	643567	376502
	全时期	154652	174134	194435	181628	111039
实际价格，美元	1	26.52	31.67	34.54	32.15	19.49
	2	30.08	35.11	37.67	34.95	23.77
	3	58.96	65.85	74.39	69.44	40.15
	全时期	33.36	38.81	42.67	39.73	24.28
实际价格，塞地	1	181372	215909	236412	220173	134006
	2	375426	437910	471619	438033	295460
	3	572464	641074	723990	675490	388461
	全时期	296353	343283	378314	352302	216388
美元计价名义价格上升百分点	2/1	44	41	39	38	55
	3/2	126	115	127	129	96
	3/1	226	203	215	216	205

续表

价格	时期	原油	汽油	航空煤油	瓦斯油	残余渣油
塞地计价名义价格上升百分点	2/1	1019	998	977	972	1060
	3/2	201	187	202	204	161
	3/1	3271	3049	3156	3153	2932
美元计价实际价格上升百分点	2/1	13	11	9	9	22
	3/2	96	88	97	99	69
	3/1	122	108	115	116	106
塞地计价实际价格上升百分点	2/1	107	103	99	99	120
	3/2	52	46	54	54	31
	3/1	216	197	206	207	190

资料来源：美国 EIA2008 和作者计算。
注：定义和计算见附表 4-2 注。

附表 4-15　2008 年 1 月与 2004 年 1 月加纳的价格比率

货币	原油	汽油	航空煤油	瓦斯油	残余渣油
名义美元	3.0	2.5	2.7	2.9	3.2
名义塞地	3.3	2.7	3.0	3.2	3.5
实际美元[a]	2.7	2.3	2.5	2.6	3.0
实际塞地	2.1	1.8	2.0	2.1	2.4

资料来源：美国能源信息署 2008 和作者计算。
a. 2009 年 10 月相比 2004 年 1 月的比率。

附表 4-16 显示了月价格和汇率对数返回值的标准差。对于名义价格，本币价格一律更不稳定，汇率不稳定似乎放大了本币单位价格的不稳定性。对于实际价格，除第三子时期的残余渣油价格外，以塞地计算的价格更加不稳定。

附表 4-16　加纳月价格和汇率对数返回值的标准差

价格	时期	原油	汽油	航空煤油	瓦斯油	残余渣油	汇率
名义价格，美元	1	0.086	0.083	0.089	0.083	0.119	—
	2	0.098	0.105	0.087	0.088	0.105	—
	3	0.083	0.103	0.072	0.071	0.075	—
	全时期	0.089	0.092	0.086	0.083	0.109	—

续表

价格	时期	原油	汽油	航空煤油	瓦斯油	残余渣油	汇率
名义价格,塞地	1	0.095	0.093	0.094	0.089	0.123	0.045
	2	0.106	0.113	0.098	0.099	0.111	0.033
	3	0.083	0.104	0.072	0.072	0.075	0.003
	全时期	0.095	0.099	0.091	0.088	0.112	0.039
实际价格,美元	1	0.086	0.082	0.089	0.083	0.118	—
	2	0.097	0.104	0.086	0.087	0.104	—
	3	0.081	0.101	0.070	0.069	0.073	—
	全时期	0.088	0.091	0.085	0.082	0.108	—
实际价格,塞地	1	0.097	0.092	0.099	0.093	0.126	—
	2	0.107	0.112	0.097	0.098	0.113	—
	3	0.084	0.102	0.072	0.072	0.072	—
	全时期	0.097	0.098	0.094	0.091	0.115	—

注:子时期 1 从开始到 1999 年 6 月,子时期 2 从 1999 年 7 月到 2003 年 12 月,子时期 3 从 2004 年 1 月到 2008 年 1 月,全时期是从开始到 2008 年 1 月。

附表 4-17 和附表 4-18 显示了当地价格对数返回值的 GARCH 分析结果。第二子时期的结果没有显示,是因为对于任何燃料油没有找到有意义的方程。对于检验的各子时期的汽油没有找到有效的方程。除了可能对第一子时期的汽油,没有方程呈现是任意的。

附表 4-19 至附表 4-24 显示了对美元和加纳塞地价格的趋向检验的结果。在第一子时期中,塞地的累计返回值更趋向于正值,但这个趋势在第二个子时期的显示是相反的。平均来看,当地货币的累计返回值在检验的三个子时期是正值。

附表 4-17 开始到 2007 年 3 月加纳塞地名义月价格对数返回值的 GARCH 分析

参数	原油	汽油	航空煤油	瓦斯油	残余渣油	
统计显著方程	是	是[a]	是	是[a]	是	是
有限半衰期	是	是	是	—	否	是
ARCH 和 GARCH 回归系数的总和	0.25	0.25	0.90	—	0.90	0.23
半衰期月数	0.5	0.5	7	—	—	0.5

续表

参数	原油	汽油	航空煤油	瓦斯油	残余渣油	
均值方程的滞后变量	1	1	1[b]	—	1, 2	1, 2
GARCH 顺序	(1, 0)	(1, 0)	(1, 1)	—	(1, 1)	(1, 0)
方差方程的趋势变量	Pd3	无	无	—	无	Pd3

注:pd3 是 2004 年 1 月到 2007 年 3 月数据的虚拟变量。
a. 价格被分类成第 3 章 3.4 下定义的四种类型。
b. 通过眼见的带有滞后 1，2，3 的方程（ARCH 检验中每个系数的统计显著性），但是半衰期变成了无限的。

附表 4—18　开始到 1999 年 6 月加纳塞地名义月价格对数返回值的 GARCH 分析

参数	原油	汽油	航空煤油	瓦斯油	残余渣油
统计显著方程	是	是	是	是[a]	是
有限半衰期	是	是	否	—	是
ARCH 和 GARCH 回归系数的总和	0.45	0.51	0.97	—	0.37
半衰期月数	0.9	1	—	—	0.7
均值方程的滞后变量	1	4	1, 2	—	1, 2
GARCH 顺序	(1, 0)	(1, 0)	(1, 1)	—	(1, 0)
方差方程的趋势变量	无	无	无	—	无

注:Trend 为线性时间趋势，序列的观测值的趋势是每个观测值增长 1。
a. 价格被分类成第 3 章 3.4 下定义的四种类型。

附表 4—19　开始到 2007 年 3 月以美元计价加纳名义月价格的趋向检验

参数		原油	汽油	航空煤油	瓦斯油	残余渣油
$(w-\mu) \div \delta$ 返回值		−0.77	−1.99	−2.27	−2.23	−1.25
$(w-\mu) \div \delta$ 周期返回值		−1.03	−1.53	−2.06	−1.55	−1.27
累计周期	最大值，美元	73	99	97	86	35
	最小值，美元	−99	−95	−141	−137	−85
	平均值，美元	−1	0	−15	−14	−10
	负比例	46	48	57	56	61
	最大停留月数	42	51	47	48	40

附表 4-20　开始到 2007 年 3 月以加纳塞地计价加纳名义月价格的趋向检验

	参数	原油	汽油	航空煤油	瓦斯油	残余渣油
	$(w-\mu) \div \delta$ 返回值	−2.67	−1.88	−2.72	−2.23	−2.57
	$(w-\mu) \div \delta$ 周期返回值	−1.67	−1.38	−3.99	−1.67	−1.92
累计周期	最大值，美元	456515	620504	667971	605049	238336
	最小值，美元	−758411	−755834	−1048142	−1020468	−608976
	平均值，美元	389	3898	2095	1591	3646
	负比例	32	40	40	35	21
	最大停留月数	102	103	101	102	143

附表 4-21　开始到 2007 年 3 月以美元计价加纳名义月价格的趋向检验

	参数	原油	汽油	航空煤油	瓦斯油	残余渣油
	$(w-\mu) \div \delta$ 返回值	−1.17	−1.39	−1.81	−1.52	−0.89
	$(w-\mu) \div \delta$ 周期返回值	−1.83	−1.39	−1.81	−1.87	−0.90
累计周期	最大值，美元	52	54	55	55	35
	最小值，美元	−47	−74	−99	−89	−44
	平均值，美元	4	2	−11	−10	−8
	负比例	42	44	54	54	68
	最大停留月数	42	51	47	48	38

附表 4-22　1999 年 7 月到 2007 年 3 月以加纳塞地计价加纳名义月价格的趋向检验

	参数	原油	汽油	航空煤油	瓦斯油	残余渣油
	$(w-\mu) \div \delta$ 返回值	−3.07	−1.04	−1.94	−1.53	−2.22
	$(w-\mu) \div \delta$ 周期返回值	−2.51	−1.56	−3.45	−1.75	−1.39
累计周期	最大值，美元	327500	353255	407297	389427	232827
	最小值，美元	−163681	−219123	−199347	−171245	−176838
	平均值，美元	74560	86444	95035	89855	55177
	负比例	18	26	30	23	4
	最大停留月数	102	103	101	102	143

附表4-23 1999年7月到2007年3月以美元计价加纳名义月价格的趋向检验

	参数	原油	汽油	航空煤油	瓦斯油	残余渣油
	$(w-\mu)\div\delta$ 返回值	0.58	−1.26	−0.59	−0.92	−0.64
	$(w-\mu)\div\delta$ 周期返回值	0.88	−0.76	−0.76	−0.01	−0.81
累计周期	最大值,美元	117	145	154	136	71
	最小值,美元	−55	−49	−83	−86	−42
	平均值,美元	34	42	37	30	31
	负比例	28	26	31	31	20
	最大停留月数	52	50	46	46	60

附表4-24 1999年7月到2007年3月以加纳塞地计价加纳名义月价格的趋向检验

	参数	原油	汽油	航空煤油	瓦斯油	残余渣油
	$(w-\mu)\div\delta$ 返回值	−0.37	−1.72	−1.77	−1.59	−1.26
	$(w-\mu)\div\delta$ 周期返回值	0.51	−0.34	−1.79	−0.34	−1.24
累计周期	最大值,美元	620196	839627	867318	776294	415174
	最小值,美元	−594730	−536711	−848795	−849223	−432138
	平均值,美元	45237	90771	52540	31425	97924
	负比例	47	42	45	46	35
	最大停留月数	37	35	35	35	47

附4.4 印度

附表4-25显示了每个子时期和全时期的超过平均值的价格以及子时期价格上涨的百分比。以印度卢比计算,第三子时期比第一子时期名义价格的增长是第三子时期比第一子时期实际价格增长的3倍。

附表4-26给出了2008年1月与2004年1月燃料油价格的比率。对于印度卢比的名义价格和实际价格,这个比率持续走低。对于印度选取的一系列基准燃料油,原油价格大多都升高了。

附表4-27显示了月价格和汇率的对数返回值的标准差。在实际价格方面,对于每种燃料油和每个子时期当地货币价格呈现出更高的波动性。在名义价格方面,当地货币价格与以美元计价相比相同或者具有更大的波动性。

附表 4-25　印度各时期平均价格

价格	时期	原油	汽油	航空煤油	瓦斯油	残余渣油
名义价格，美元	1	16.10	22.37	22.59	21.36	12.35
	2	24.46	30.46	28.77	27.53	21.28
	3	53.90	62.85	69.37	69.05	41.69
	全时期	25.21	31.93	32.97	31.91	19.94
名义价格，卢比	1	430	602	597	567	331
	2	1136	1414	1336	1279	991
	3	2348	2739	3025	3009	1814
	全时期	952	1189	1225	1192	759
实际价格，美元	1	23.35	32.33	32.81	30.99	17.91
	2	27.94	34.81	32.89	31.44	24.30
	3	54.48	63.62	70.19	69.83	42.09
	全时期	30.36	38.92	40.06	38.61	23.96
实际价格，卢比	1	965	1343	1355	1284	738
	2	1434	1785	1687	1613	1248
	3	2444	2857	3154	3136	1886
	全时期	1351	1731	1774	1713	1069
美元计价名义价格上升百分点	2/1	52	36	27	29	72
	3/2	120	106	141	151	96
	3/1	235	181	207	223	238
卢比计价名义价格上升百分点	2/1	164	135	124	126	200
	3/2	107	94	126	135	83
	3/1	446	355	406	431	449
美元计价实际价格上升百分点	2/1	20	8	0	1	36
	3/2	95	83	113	122	73
	3/1	133	97	114	125	135
卢比计价实际价格上升百分点	2/1	49	33	24	26	69
	3/2	70	60	87	94	51
	3/1	153	113	133	144	156

资料来源：美国能源信息署 2008 和作者计算。

注：定义和计算见附表 4-2 注。

附表 4-26　2008 年 1 月与 2004 年 1 月印度的价格比率

货币	原油	汽油	航空煤油	瓦斯油	残余渣油
名义美元价格	3.1	2.5	2.9	3.0	3.0
名义卢比价格	2.7	2.2	2.6	2.6	2.6
实际美元价格	2.7	2.2	2.6	2.6	2.6
实际卢比价格	2.2	1.8	2.1	2.1	2.1

资料来源：美国能源信息署 2008 和作者计算

附表 4-27　印度月价格和汇率对数返回值的标准差

价格	时期	原油	汽油	航空煤油	瓦斯油	残余渣油	汇率
名义价格，美元	1	0.086	0.076	0.109	0.093	0.145	—
	2	0.085	0.083	0.094	0.093	0.100	—
	3	0.062	0.066	0.119	0.071	0.074	—
	全时期	0.082	0.076	0.108	0.089	0.125	—
名义价格，卢比	1	0.089	0.079	0.112	0.097	0.146	0.024
	2	0.085	0.083	0.095	0.094	0.100	0.006
	3	0.064	0.067	0.120	0.072	0.074	0.014
	全时期	0.084	0.078	0.110	0.092	0.126	0.020
实际价格，美元	1	0.086	0.075	0.109	0.093	0.144	—
	2	0.084	0.081	0.093	0.091	0.099	—
	3	0.061	0.063	0.117	0.069	0.072	—
	全时期	0.081	0.075	0.107	0.088	0.124	—
实际价格，卢比	1	0.089	0.080	0.112	0.097	0.146	—
	2	0.086	0.085	0.096	0.094	0.100	—
	3	0.064	0.066	0.120	0.072	0.073	—
	全时期	0.084	0.078	0.110	0.092	0.126	—

注：子时期 1 从开始到 1999 年 6 月，子时期 2 从 1999 年 7 月到 2003 年 12 月，子时期 3 从 2004 年 1 月到 2008 年 1 月，全时期是从开始到 2008 年 1 月。

附表 4-28 至附表 4-30 显示了当地价格对数返回值的 GARCH 分析结果。在附表 4-28 中，对于残余渣油方程看上去是任意的，但是对均值方程保持着很少的滞后价值，这使方程不能通过 ARCH 检验。在第一个子时期，显示了两个航空煤油的 GARCH（1，0）公式。对于第一个，滞后 4 和 6 被保留，条件方差具有有限的半衰期。对于第二个，只有一个滞后（滞后 3）保留，空假设被拒绝。

附表 4-31 至 4-36 给出了对美元和印度卢比价格的趋向检验的结果。对于全时期，当地货币累计返回值比美元通常更呈现为负值；这基本发生在第一个子时期。然而，对于每种燃料，美元平均累计周期是负值，当地货币是正值。当地货币价格的最大停留更长。

附表 4-28 开始到 2007 年 3 月印度卢比名义月价格对数返回值的 GARCH 分析

参数	原油	汽油	航空煤油	瓦斯油		残余渣油
统计显著方程	是	是 a	是	是 a	是 a	是
有限半衰期	否	是	是	是	—	是
ARCH 和 GARCH 回归系数的总和	0.91	0.31	0.65	0.74	—	0.38
半衰期月数	—	0.6	2	2	—	0.7
均值方程的滞后变量	1	1	1, 4	1		1, 2, 4, 8, 11, 14, 16
GARCH 顺序	(1, 1)	(1, 0)	(1, 1)	(1, 1)		(1, 0)
方差方程的趋势变量	无	无	无	Pd3		Trend

注：pd3 是 2004 年 1 月到 2007 年 3 月数据的虚拟变量，Trend 为线性时间趋势，序列的观测值的趋势是每个观测值增长。

a. 价格被分类成第 3 章 3.4 下定义的四种类型。

附表 4-29 开始到 1999 年 6 月印度卢比名义月价格对数返回值的 GARCH 分析

参数	原油		汽油		航空煤油		瓦斯油		残余渣油
统计显著方程	是	是	是	是	是	是	是	是	是
有限半衰期	否	否	否	否	否	否	否	是	是
ARCH 和 GARCH 回归系数的总和	0.99	0.86	0.88	0.77	0.48	0.93	0.97	0.35	0.39
半衰期月数	—	—	—	—	1			0.7	0.7
均值方程的滞后变量	4	1	1	1	4, 6	3	4	4, 6	1, 2, 4, 5

续表

参数	原油		汽油		航空煤油		瓦斯油		残余渣油	
GARCH 顺序	(1, 0)	(1, 0)	(1, 1)	(1, 0)	(1, 1)	(1, 0)	(1, 1)	(1, 0)	(1, 0)	(1, 0)
方差方程的趋势变量	无	无	无	无	无	无	无	无	无	无

附表 4-30 1999 年 7 月到 2007 年 3 月以印度卢比计价印度名义月价格的趋向检验

参数	原油	汽油	航空煤油	瓦斯油	残余渣油
统计显著方程	是[a]	是[a]	是[a]	是[a]	是
有限半衰期	—	—	—	—	否
ARCH 和 GARCH 回归系数的总和	—	—	—	—	0.58
半衰期月数	—	—	—	—	—
均值方程的滞后变量	—	—	—	—	无
GARCH 顺序	—	—	—	—	(1, 0)
方差方程的趋势变量	—	—	—	—	无

a. 价格被分类成第 3 章 3.4 下定义的四种类型。

附表 4-31 开始到 2007 年 3 月以美元计价印度名义月价格的趋向检验

参数		原油	汽油	航空煤油	瓦斯油	残余渣油
$(w-\mu) \div \delta$ 返回值		−1.49	−2.54	−2.25	−2.95	−1.90
$(w-\mu) \div \delta$ 周期返回值		−0.93	−2.31	−2.16	−2.49	−1.73
累计周期	最大值,美元	67	70	84	83	32
	最小值,美元	−98	−86	−128	−130	−85
	平均值,美元	−2	−7	−13	−6	−13
	负比例	46	57	55	49	64
	最大停留月数	40	50	47	47	47

附表 4-32 开始到 2007 年 3 月以印度卢比计价印度名义月价格的趋向检验

参数	原油	汽油	航空煤油	瓦斯油	残余渣油
$(w-\mu) \div \delta$ 返回值	−0.93	−2.45	−2.28	−2.40	−1.82
$(w-\mu) \div \delta$ 周期返回值	−1.54	−2.57	−2.52	−3.08	−3.04

续表

	参数	原油	汽油	航空煤油	瓦斯油	残余渣油
累计周期	最大值,美元	2873	2466	3423	3162	1279
	最小值,美元	−4140	−3541	−5636	−5954	−3593
	平均值,美元	2873	2466	3423	3162	1279
	负比例	43	68	69	65	69
	最大停留月数	42	66	75	74	108

附表4-33 开始到1999年6月以美元计价印度名义月价格的趋向检验

	参数	原油	汽油	航空煤油	瓦斯油	残余渣油
	$(w-\mu) \div \delta$ 返回值	−1.54	−2.20	−2.21	−1.89	−2.05
	$(w-\mu) \div \delta$ 周期返回值	−1.22	−2.18	−2.21	−1.21	−1.71
累计周期	最大值,美元	45	47	64	74	32
	最小值,美元	−38	−86	−99	−83	−52
	平均值,美元	3	−6	−10	−2	−12
	负比例	43	56	54	49	72
	最大停留月数	40	50	47	47	47

附表4-34 开始到1999年6月以印度卢比计价印度名义月价格的趋向检验

	参数	原油	汽油	航空煤油	瓦斯油	残余渣油
	$(w-\mu) \div \delta$ 返回值	−1.17	−2.51	−2.21	−1.55	−2.00
	$(w-\mu) \div \delta$ 周期返回值	−1.83	−2.86	−2.54	−1.55	−2.71
累计周期	最大值,美元)	1505	985	1970	2172	996
	最小值,美元)	−1909	−2347	−2585	−2328	−2392
	平均值,美元)	105	−492	−499	−356	−317
	负比例	38	72	75	70	81
	最大停留月数	42	66	75	74	108

附表4-35 1999年7月到2007年3月以美元计价印度名义月价格的趋向检验

参数	原油	汽油	航空煤油	瓦斯油	残余渣油
$(w-\mu) \div \delta$ 返回值	0.00	−0.99	−0.15	−1.96	−0.37

续表

参数		原油	汽油	航空煤油	瓦斯油	残余渣油
$(w-\mu) \div \delta$ 周期返回值		0.15	−0.70	−0.47	−2.47	−0.76
累计周期	最大值,美元	105	101	128	112	76
	最小值,美元	−60	−40	−84	−101	−35
	平均值,美元	29	22	25	16	36
	负比例	30	34	34	38	18
	最大停留月数	53	49	48	46	61

附表 4-36　1999 年 7 月到 2007 年 3 月以印度卢比计价印度名义月价格的趋向检验

参数		原油	汽油	航空煤油	瓦斯油	残余渣油
$(w-\mu) \div \delta$ 返回值		0.32	−0.70	−0.31	−1.70	−0.47
$(w-\mu) \div \delta$ 周期返回值		0.15	−0.34	−0.47	−2.93	−1.61
累计周期	最大值,美元	4782	4581	5846	5134	3671
	最小值,美元	−2231	−1427	−3213	−3982	−1200
	平均值,美元	1598	1388	1429	1019	1852
	负比例	27	30	33	37	15
	最大停留月数	56	53	50	47	63

附 4.5　菲律宾

附表 4-37 显示了每个子时期和全时期的平均价格以及子时期价格上涨的百分比。当地货币单位名义价格的上升比检验的每种情况要大,而且与第一子时期尤其相关。

附表 4-37　菲律宾各时期平均价格

价格	时期	原油	汽油	航空煤油	瓦斯油	残余渣油
名义价格,美元	1	17.84	23.56	23.96	22.87	14.23
	2	26.37	30.07	30.38	29.11	23.61
	3	58.06	67.25	71.33	68.63	45.61
	全时期	27.45	33.41	34.51	33.07	22.31

续表

价格	时期	原油	汽油	航空煤油	瓦斯油	残余渣油
名义价格,菲律宾比索	1	472	623	634	605	378
	2	1300	1482	1495	1436	1164
	3	2954	3435	3640	3499	2317
	全时期	1129	1351	1400	1343	921
实际价格,美元	1	25.90	34.29	34.80	33.18	20.64
	2	30.11	34.35	34.72	33.25	26.96
	3	58.70	68.10	72.20	69.44	46.10
	全时期	33.15	40.85	42.02	40.22	26.92
实际价格,菲律宾比索	1	1126	1497	1514	1442	895
	2	1696	1933	1954	1874	1518
	3	3087	3602	3811	3663	2421
	全时期	1627	1998	2053	1964	1324
美元计价名义价格上升百分点	2/1	48	28	27	27	66
	3/2	120	124	135	136	93
	3/1	225	185	198	200	221
菲律宾比索计价名义价格上升百分点	2/1	175	138	136	137	208
	3/2	127	132	143	144	99
	3/1	526	451	474	478	514
美元计价实际价格上升百分点	2/1	16	0	0	0	31
	3/2	94	51	95	98	108
	3/1	144	156	127	99	107
菲律宾比索计价实际价格上升百分点	2/1	51	29	29	30	69
	3/2	82	86	95	95	60
	3/1	174	141	152	154	170

资料来源:美国能源信息署 2008 和作者计算。

注:定义和计算见附表 4-2 注。

附表 4-38 给出了 2008 年 1 月与 2004 年 1 月燃料油价格的比率。对于菲律宾比索在名义价格和实际价格上都持续走低。对于菲律宾选取的一系列基准燃料油，原油价格在大多数都上涨了。

附表4-38 2008年1月与2004年1月菲律宾的价格比率

货币	原油	汽油	航空煤油	瓦斯油	残余渣油
名义美元价格	3.1	2.3	2.7	2.7	2.8
名义智利比索价格	2.3	1.7	2.0	2.0	2.1
实际美元价格	2.7	2.0	2.4	2.4	2.5
实际智利比索价格	1.8	1.3	1.6	1.6	1.6

资料来源：美国能源信息署2008和作者计算。

附表4-39显示了月价格和汇率的对数返回值的标准差。在名义价格和实际价格中，以当地货币价格单位计量的所有燃料油在每个时期都有更大的波动。

附表4-39 菲律宾月价格和汇率对数返回值的标准差

价格	时期	原油	汽油	航空煤油	瓦斯油	残余渣油	汇率
名义价格，美元	1	0.082	0.080	0.101	0.087	0.120	—
	2	0.079	0.105	0.090	0.088	0.089	—
	3	0.092	0.090	0.076	0.071	0.062	—
	全时期	0.083	0.088	0.094	0.085	0.105	—
名义价格，卢比	1	0.085	0.084	0.103	0.090	0.121	0.023
	2	0.080	0.107	0.094	0.092	0.089	0.017
	3	0.093	0.092	0.078	0.074	0.062	0.013
	全时期	0.086	0.091	0.096	0.087	0.105	0.021
实际价格，美元	1	0.081	0.079	0.100	0.087	0.119	—
	2	0.078	0.104	0.089	0.086	0.088	—
	3	0.090	0.088	0.074	0.069	0.059	—
	全时期	0.082	0.087	0.093	0.084	0.104	—
实际价格，卢比	1	0.086	0.086	0.103	0.090	0.121	
	2	0.080	0.107	0.094	0.093	0.089	
	3	0.093	0.092	0.078	0.074	0.062	
	全时期	0.086	0.092	0.097	0.088	0.106	—

注：子时期1从开始到1999年6月，子时期2从1999年7月到2003年12月，子时期3从2004年1月到2008年1月，全时期是从开始到2008年1月。

附表 4-40 显示了当地价格对数返回值的 GARCH 分析结果。第二子时期的结果没有给出是因为对任何燃料油没有找到有意义的方程。在附表 4-40 中,保留很少关于航空煤油的 GARCH (1, 0) 公式和汽油的 GARCH (1, 1) 公式,这使各自的方程不能通过 ARCH 检验。相似地,在第一子时期,保留很少名义燃料油方程中的滞后,这使它不能通过 ARCH 检验。

附表 4-40 开始到 2007 年 3 月以菲律宾比索计价菲律宾名义月价格的趋向检验

参数	原油	汽油	柴油	航空煤油	瓦斯油	残余渣油
统计显著方程	是[a]	是	是	是	是	是[a]
有限半衰期	—	是	是	是	否	—
ARCH 和 GARCH 回归系数的总和	—	0.31	0.90	0.61	0.97	—
半衰期月数	—	0.6	7	1	—	—
均值方程的滞后变量	—	1, 2	1, 2	1, 2, 3, 4, 6	1, 2, 4, 6	—
GARCH 顺序	—	(1, 0)	(1, 1)	(1, 0)	(1, 1)	—
方差方程的趋势变量	—	无	无	无	无	—

a. 价格被分类成第 3 章 3.4 下定义的四种类型。

附表 4-41 至附表 4-47 显示了对美元和菲律宾比索价格的趋向检验的结果。当地货币的全时期每种燃料油的累计周期是负的。除了原油之外,累计周期大半时期是负的。

附表 4-41 开始到 1999 年 6 月以菲律宾比索计价菲律宾名义月价格的趋向检验

参数	原油	汽油	柴油	航空煤油	瓦斯油	残余渣油
统计显著方程	是	是	是	是	是[a]	是
有限半衰期	是	是	否	否	—	是
ARCH 和 GARCH 回归系数的总和	0.62	0.65	0.98	0.91	—	0.30
半衰期月数	1	2	—	—	—	0.6
均值方程的滞后变量	1	4	1, 2, 3, 4	1, 2	—	1, 2, 4, 6
GARCH 顺序	(1, 0)	(1, 0)	(1, 1)	(1, 0)	—	(1, 0)
方差方程的趋势变量	无	无	无	无	—	无

a. 价格被分类成第 3 章 3.4 下定义的四种类型。

附表 4-42　开始到 2007 年 3 月以美元计价菲律宾名义月价格的趋向检验

参数		原油	汽油	航空煤油	瓦斯油	残余渣油
$(w-\mu)\div\delta$ 返回值		−3.19	−1.54	−2.47	−3.90	−2.23
$(w-\mu)\div\delta$ 周期返回值		−2.94	−1.03	−2.29	−3.98	−1.99
累计周期	最大值，美元	73	80	92	89	38
	最小值，美元	−101	−94	−131	−108	−85
	平均值，美元	0	−7	−11	−1	−10
	负比例	43	51	53	47	60
	最大停留月数	42	48	46	48	47

附表 4-43　开始到 2007 年 3 月以菲律宾比索计价菲律宾名义月价格的趋向检验

参数		原油	汽油	航空煤油	瓦斯油	残余渣油
$(w-\mu)\div\delta$ 返回值		−3.14	−0.23	−2.97	−3.93	−1.79
$(w-\mu)\div\delta$ 周期返回值		−2.70	0.00	−3.31	−3.48	−1.71
累计周期	最大值，美元	3142	3326	3708	3307	1836
	最小值，美元	−4662	−5129	−7318	−6403	−3996
	平均值，美元	−18	−667	−760	−535	−485
	负比例	36	55	57	52	57
	最大停留月数	95	55	48	52	38

附表 4-44　开始到 1999 年 6 月以美元计价菲律宾名义月价格的趋向检验

参数		原油	汽油	航空煤油	瓦斯油	残余渣油
$(w-\mu)\div\delta$ 返回值		−3.14	−0.23	−2.97	−3.93	−1.79
$(w-\mu)\div\delta$ 周期返回值		−2.71	−1.69	−2.20	−2.38	−2.36
累计周期	最大值，美元	52	53	68	80	38
	最小值，美元	−44	−93	−100	−81	−52
	平均值，美元	5	−3	−7	3	−9
	负比例	38	46	52	45	65
	最大停留月数	42	48	46	48	47

附表 4-45　开始到 1999 年 6 月以菲律宾比索计价菲律宾名义月价格的趋向检验

参数		原油	汽油	航空煤油	瓦斯油	残余渣油
$(w-\mu) \div \delta$ 返回值		−2.05	−0.71	−2.55	−2.37	−1.98
$(w-\mu) \div \delta$ 周期返回值		−2.35	−0.35	−2.88	−1.75	−2.03
累计周期	最大值，美元	1214	1100	897	1307	481
	最小值，美元	−1827	−3271	−3519	−3046	−2431
	平均值，美元	286	−333	−420	−174	−284
	负比例	26	48	53	44	50
	最大停留月数	95	55	48	52	38

附表 4-46　1999 年 7 月到 2007 年 3 月以美元计价菲律宾名义月价格的趋向检验

参数		原油	汽油	航空煤油	瓦斯油	残余渣油
$(w-\mu) \div \delta$ 返回值		−1.93	0.15	−0.15	−2.87	−0.70
$(w-\mu) \div \delta$ 周期返回值		0.88	−0.76	−0.76	−0.01	−0.81
累计周期	最大值，美元	117	118	136	118	88
	最小值，美元	−57	−56	−87	−79	−33
	平均值，美元	35	26	27	21	39
	负比例	28	32	34	40	17
	最大停留月数	52	46	47	44	60

附表 4-47　1999 年 7 月到 2007 年 3 月以菲律宾比索计价菲律宾名义月价格的趋向检验

参数		原油	汽油	航空煤油	瓦斯油	残余渣油
$(w-\mu) \div \delta$ 返回值		−2.30	0.66	−1.26	−3.04	−0.47
$(w-\mu) \div \delta$ 周期返回值		−1.35	0.51	−1.56	−3.27	−0.34
累计周期	最大值，美元	4969	5396	5979	5151	4267
	最小值，美元	−2836	−3060	−5047	−4559	−1564
	平均值，美元	1323	868	967	731	1625
	负比例	29	33	33	37	18
	最大停留月数	47	43	43	40	57

附4.6 泰国

附表4-48显示了每个子时期和全时期的平均价格以及子时期价格上涨的百分比。在名义价格和实际价格中，第一子时期比第二子时期价格上涨的百分比高出20至25个百分点。

附表4-49给出了2008年1月与2004年1月的燃料油价格比率。对于泰铢价格的名义和实际价值，这个比率是持续走低的。对于实际价值，燃料油价格实际上在中间四年中是两倍的。

附表4-50显示了月价格和汇率的对数返回值的标准差。除了第一子时期的名义残余渣油价格，名义价格和实际价格在当地货币价格上展现出相同或者更大的波动性。

附表4-51至附表4-53显示了当地价格对数返回值的GARCH分析结果。由于航空煤油的GARCH（1，0）公式呈现是任意的，保留很少滞后变量使得不能通过ARCH检验。相似地，在第一子时期，如果保留很少方程中名义燃料油的滞后变量，方程将不能通过ARCH检验。最后，在第二子时期中，保留很少名义燃料油的滞后价值，并省略所有滞后变量，这使得方程具有统计学的显著性。

附表4-54至附表4-56显示了对当地价格的趋向检验的结果。用美元表达的价格结果在附录4菲律宾章节中。对于整个时期，除了原油，当地货币的累计周期更趋向于正值。然而，在第一子时期中，美元价格的累计周期更趋向于正值。

附表4-48 泰国各时期平均价格

价格	时期	原油	汽油	航空煤油	瓦斯油	残余渣油
名义价格，美元	1	17.84	23.56	23.96	22.87	14.23
	2	26.37	30.07	30.38	29.11	23.61
	3	58.06	67.25	71.33	68.63	45.61
	全时期	27.45	33.41	34.51	33.07	22.31
名义价格，泰铢	1	484	639	649	619	388
	2	1103	1257	1271	1219	987
	3	2182	2533	2687	2583	1713
	全时期	945	1138	1176	1127	773
实际价格，美元	1	25.90	34.29	34.80	33.18	20.64
	2	30.11	34.35	34.72	33.25	26.96

续表

价格	时期	原油	汽油	航空煤油	瓦斯油	残余渣油
实际价格，美元	3	58.70	68.10	72.20	69.44	46.10
	全时期	33.15	40.85	42.02	40.22	26.92
实际价格，泰铢	1	782	1036	1048	1000	624
	2	1276	1453	1470	1409	1141
	3	2234	2598	2754	2647	1753
	全时期	1168	1428	1469	1406	953
美元计价名义价格上升百分点	2/1	48	28	27	27	66
	3/2	120	124	135	136	93
	3/1	225	185	198	200	221
泰铢计价名义价格上升百分点	2/1	128	97	96	97	154
	3/2	98	102	112	112	74
	3/1	350	296	314	317	341
美元计价实际价格上升百分点	2/1	16	0	0	0	31
	3/2	95	98	108	109	71
	3/1	127	99	107	109	123
泰铢计价实际价格上升百分点	2/1	63	40	40	41	83
	3/2	75	79	87	88	54
	3/1	186	151	163	165	181

资料来源：美国能源信息署 2008 和作者计算。

注：定义和计算见附表 4-2 注。

附表 4-49　2008 年 1 月与 2004 年 1 月泰国的价格比率

货币	原油	汽油	航空煤油	瓦斯油	残余渣油
名义美元价格	3.1	2.3	2.7	2.7	2.8
名义智利比索价格	2.7	1.9	2.3	2.3	2.4
实际美元价格	2.7	2	2.3	2.4	2.4
实际智利比索价格	2.3	1.6	1.9	2	2

资料来源：美国能源信息署 2008 和作者计算。

附表 4-50 菲律宾月价格和汇率对数返回值的标准差

价格	时期	原油	汽油	航空煤油	瓦斯油	残余渣油	汇率
名义价格，美元	1	0.082	0.080	0.101	0.087	0.120	—
	2	0.079	0.105	0.090	0.088	0.089	—
	3	0.092	0.090	0.076	0.071	0.062	—
	全时期	0.083	0.088	0.094	0.085	0.105	—
名义价格，泰铢	1	0.085	0.084	0.102	0.089	0.118	0.032
	2	0.084	0.107	0.094	0.092	0.092	0.017
名义价格，泰铢	3	0.093	0.091	0.078	0.073	0.064	0.014
	全时期	0.087	0.090	0.096	0.087	0.104	0.026
实际价格，美元	1	0.081	0.079	0.100	0.087	0.119	—
	2	0.078	0.104	0.089	0.086	0.088	—
	3	0.090	0.088	0.074	0.069	0.059	—
	全时期	0.082	0.087	0.093	0.084	0.104	—
实际价格，泰铢	1	0.085	0.084	0.102	0.088	0.119	—
	2	0.082	0.105	0.092	0.091	0.091	—
	3	0.092	0.088	0.076	0.071	0.062	—
	全时期	0.086	0.090	0.095	0.086	0.104	—

注：子时期 1 从开始到 1999 年 6 月，子时期 2 从 1999 年 7 月到 2003 年 12 月，子时期 3 从 2004 年 1 月到 2008 年 1 月，全时期是从开始到 2008 年 1 月。

附表 4-51 开始到 1999 年 6 月以泰铢计价泰国名义月价格的趋向检验

参数	原油	汽油	航空煤油	瓦斯油	残余渣油
统计显著方程	是[a]	是	是	是[a]	是
有限半衰期	—	否	是	否	否
ARCH 和 GARCH 回归系数的总和	—	0.81	0.25	0.89	0.84	0.97	0.35
半衰期月数	—	—	0.5	6	—

续表

参数	原油	汽油		航空煤油		瓦斯油	残余渣油
均值方程的滞后变量	—	1	1, 2	1, 2	1, 2, 4, 6	4	2
GARCH 顺序	—	(1, 1)	(1, 0)	(1, 1)	(1, 0)	(1, 1)	(1, 0)
方差方程的趋势变量	—	无	无	无	无	无	Trend

注：Trend 是序列中对每个观测值加一增量的线性时间趋势。
a. 价格被分类成第 3 章 3.4 下定义的四种类型。

附表 4–52 开始到 1999 年 6 月以泰铢计价泰国名义月价格的趋向检验

参数	原油	汽油	航空煤油	瓦斯油	残余渣油
统计显著方程	是[a]	是	是	是[a]	是[a]	是
有限半衰期	—	是	否	—	—	是
ARCH 和 GARCH 回归系数的总和	—	0.70	0.77	—	—	0.42
半衰期月数	—	3	—	—	—	0.8
均值方程的滞后变量	—	3, 5, 6	3, 5	—	—	1, 2, 3, 4, 6, 13
GARCH 顺序	—	(1, 0)	—	—	—	(1, 0)
方差方程的趋势变量	—	无	无	—	—	无

a. 价格被分类成第 3 章 3.4 下定义的四种类型。

附表 4–53 1999 年 7 月到 2007 年 3 月以泰铢计价泰国名义月价格的趋向检验

参数	原油	汽油	航空煤油	瓦斯油	残余渣油
统计显著方程	是[a]	是[a]	是[a]	是[a]	是
有限半衰期	—	—	—	—	否
ARCH 和 GARCH 回归系数的总和	—	—	—	—	0.68
半衰期月数	—	—	—	—	0.7
均值方程的滞后变量	—	—	—	—	2, 9, 16
GARCH 顺序	—	—	—	—	(1, 0)
方差方程的趋势变量	—	—	—	—	无

a. 价格被分类成第 3 章 3.4 下定义的四种类型。

附表 4-54　开始到 2007 年 3 月以泰铢计价泰国名义月价格的趋向检验

参数		原油	汽油	航空煤油	瓦斯油	残余渣油
$(w-\mu)\div\delta$ 返回值		−2.82	−0.99	−2.19	−3.14	−2.16
$(w-\mu)\div\delta$ 周期返回值		−2.96	−0.51	−2.04	−2.71	−2.54
累计周期	最大值，美元	502	907	998	751	504
	最小值，美元	−459	−566	−490	−481	−336
	平均值，美元	−11	28	62	59	8
	负比例	58	47	39	36	48
	最大停留月数	97	96	97	96	96

附表 4-55　1999 年 7 月到 2007 年 3 月以泰铢计价泰国名义月价格的趋向检验

参数		原油	汽油	航空煤油	瓦斯油	残余渣油
$(w-\mu)\div\delta$ 返回值		−2.66	−1.71	−1.54	−1.40	−2.33
$(w-\mu)\div\delta$ 周期返回值		−2.71	−1.04	−1.88	−1.19	−2.04
累计周期	最大值，美元	1146	1192	792	1305	278
	最小值，美元	−1959	−2603	−2750	−2237	−2406
	平均值，美元	151	−384	−530	−218	−409
	负比例	26	62	63	51	77
	最大停留月数	61	51	47	49	48

附表 4-56　1999 年 7 月到 2007 年 3 月以泰铢计价泰国名义月价格的趋向检验

参数		原油	汽油	航空煤油	瓦斯油	残余渣油
$(w-\mu)\div\delta$ 返回值		−1.13	0.66	−0.78	−3.11	−0.70
$(w-\mu)\div\delta$ 周期返回值		−1.35	0.41	−0.70	−2.96	−1.73
累计周期	最大值，美元	4905	4739	5808	5050	3740
	最小值，美元	−1907	−1902	−3117	−2806	−1017
	平均值，美元	1715	1366	1505	1247	1874
	负比例	24	27	27	31	12
	最大停留月数	52	49	49	45	63

附录5 套期保值参数

附录5为物理原油或石油产品销售的代理导出了风险最小化的价值和最优套期保值比率以及其他相关的套期保值参数。它假定了在现货市场上代理有 N 个单位要销售,并且渴望通过期货交易来对冲其中的 M 个单位(M 小于等于 N)。第一种情况,目标是选择 M 使得整体风险最小化,整体风险通过 M 个单位期货合同和 N 个单位现货销售的回报的变量来量度。

假设:

(1) $f(0, 1)$ 表示在当前时刻0报价,时刻1交货的期货价格;

(2) $f(1, 1)$ 表示时刻1报价,时刻1交货的期货价格;

(3) $p(0)$ 表示时刻0的现货价格;

(4) $p(1)$ 表示时刻1的现货价格。

在没有套期保值的情况下,石油生产者在时刻1收到不确定的数量 $p(1)$。为了实现套期保值,生产者在时刻0销售 M 单位的期货,然后在时刻1通过购买 M 个单位时刻1的即刻交货来抵消这种状况。在时刻1,期货合同的收益(损失)为:

$$[f(0, 1) - f(1, 1)] M \qquad (附5-1)$$

用 $W(1)$ 表示套期保值投资组合的全部价值,则:

$$W(1) = p(1) N + [f(0, 1) - f(1, 1)] M \qquad (附5-2)$$

如果套期保值商品和物理商品在所有方面都是相同的(质量、位置和时间选择),那么 $p(1) = f(1, 1)$,$M=N$ 的选择将消除合同中所有的价格风险。期货价格变动是指开始和结束套期保值日期修正的时刻1的价格变动,注意这点是非常重要的。

随着时刻0的物理资产的现货价格的确定,公式(附5-2)可以通过合并确定的财富初始值来重写,$W(0) = p(0) N$。覆盖整个套期保值时期财富的变动为[1]:

$$\Delta W = W(1) - W(0) = [p(1) - p(0)] N + [f(0, 1) - f(1, 1)] M \qquad (附5-3)$$

每单位产品的财富价值变动为:

---

[1] 该等式方程不表明卖方权衡今天的销售额与从现在起未来几个月的消费额的冲突。公式(附5-2)中减去 $W(0)$(包含一个常量),是表达方程的一个设计,这些方程遵循有关 Δp 和 Δf 方面的要求。

$$\Delta W/N = [p(1) - p(0)] + h[f(0,1) - f(1,1)] \quad \text{(附 5-4)}$$

h 表示套期保值的地点，取出了期货合同的物理单位比率。这个方程可以被重写成：

$$\Delta W \div N = \Delta p - h \Delta f \quad \text{(附 5-5)}$$

这里 $\Delta p = [p(1) - p(0)]$，$\Delta f = [f(1,1) - f(0,1)]$。

这种情况下套期保值的目标是最小化石油销售的总风险。通过出售每单位财富变动的方差度量风险，需要公式（附 5-5）中的方差最小化。这个方差可以被重写成：

$$\text{Var}[\Delta W/N] = \text{Var}\Delta p - 2h\text{Cov}[\Delta p, \Delta f] + h^2 \text{Var}\Delta f \quad \text{(附 5-6)}$$

这里 $\text{Var}\Delta p$ 和 $\text{Var}\Delta f$ 分别是 Δp 和 Δf 的方差，$\text{Cov}[\Delta p, \Delta f]$ 表示 Δp 和 Δf 的协方差。套期保值率方差最小化值由以下方程得出：

$$h^* = \text{Cov}[\Delta p, \Delta f] / \text{Var}\Delta f \quad \text{(附 5-7)}$$

或者

$$h^* = \rho \sqrt{(\text{Var}\Delta p / \text{Var}\Delta f)} \quad \text{(附 5-8)}$$

这里 ρ 是价格两种变动（非平方的）的相关系数。把决定公式（附 5-7）的套期保值率称为风险最小化套期保值率。这个可获得的最小化风险值可由以下方程得出：

$$\text{Var}[\Delta W/N] = \text{Var}\Delta p - (h^*)^2 \text{Var}\rho f \quad \text{(附 5-9)}$$

如果两个价格变动（Δp 和 Δf）是完美相关的，套期保值就能完成消除所有不确定性。相关大体上是小于平均数，应该用套期保值将风险降到最低的物理商品部分将相应地降低。基准风险的存在导致了这种缺乏完美相关，这意味着生产者必须平衡非套期保值部分风险或者所有的产品，以应对套期保值的部分基准承担的风险。套期保值效率通过物理和期货投资组合中获得的非套期保值方差的减少百分比来衡量。在风险最小化值上，套期保值投资组合方差与非套期保值投资组合方差的比率由以下方程得出：

$$\text{Var}[\Delta W/N] / \text{Var}\Delta p = 1 - \rho^2 \quad \text{(附 5-10)}$$

因此两种价格变动之间的相关系数平方衡量了套期保值的效率。假设套期保值卖家被限制，套期保值不能超过出售的物质商品。如果最小风险率大于单位，那么就假设这是一个不可实行的期权投资组合；价值统一作为可实行的风险最低套期保值。

公式（附5-7）给出了评价风险最低套期保值率的关键。因为给出的公式和当现货价格变动回归到期货价格变动时用于评价回归系数的公式相同，风险最低套期保值率可以通过回归获得：

$$\Delta p = y + h \Delta f + \varepsilon \qquad (附5-11)$$

这里对投资组合的估计返回值由以下方程得出：

$$y^* = E(\Delta p) - h^* E(\Delta f) \qquad (附5-12)$$

$E(\Delta p)$ 和 $E(\Delta f)$ 是参数 Δp 和 Δf 的期望值。

用先前存在问题商品的期货和现货价格数据，回归系数可以估计。套期保值有效性可以通过回归的相关系数平方和期货价格变动回归系数的风险最低套期保值率来估计。y^* 的估计值是整个时期风险最低投资组合返回值的期望，衡量着相关每个期货合同开始时一系列公开的现货价格。相对于这一组固定价格，由于套期保值的回报增值，因此由公式（附5-12）右手侧第二项测算。当期货价格上升（截止日期的方法），套期保值回报取决于又进行了多少对冲。

公式（附5-11）可通过使用价格变动的历史数据估计。估计理论概念的样本数据使用基于在潜在方差和协方差中不存在转变。如果存在这样一个结构的转变，回归系数也可能随着整个时期的风险最低套期保值率和套期保值效率变化。更高级的模型将动态套期保值策略用于风险最低套期保值率随着时间变化的情况，并通过GARCH过程这样一个模型来估计。

给定数据时期的套期保值比率最小化的估计可以用于模拟相同时期对冲策略的收益——事后套期保值，代理人使用本时期的数据对风险最小化套期保值比率作出估计——给定数据时期的套期保值比率同样可以用来模拟本时期以外的套期保值策略——事前套期保值，假设如果用于估计套期保值的所有数据都是可以获得的，那么相同的套期保值比率可以最小化风险。如果数据随着时间变动，以至于公式（附5-11）的回归系数变动，那么事前和事后套期保值将产生不同的风险消除和回报。附表5-1给出了覆盖1988年2月到2006年12月变化的原油六个月风险最低套期保值和非套期保值回报。

附表5-1　1988年2月至2006年12月对各种原油事后六个月的风险最低套期保值和非套期保值回报

时间	1988.2—2006.12		1988.2—1999.12		2000.1—2003.12		2004.1—2006.12	
原油国家	套期保值回报	非套期保值回报	套期保值回报	非套期保值回报	套期保值回报	非套期保值回报	套期保值回报	非套期保值回报
利比亚，布瑞加	−0.58	0.74	−0.37	0.5	−1.56	0.94	0.16	1.44
安哥拉，卡宾达	−0.52	0.71	−0.33	0.51	−1.38	0.9	0.12	1.31

续表

时间	1988.2—2006.12		1988.2—1999.12		2000.1—2003.12		2004.1—2006.12	
原油国家	套期保值回报	非套期保值回报	套期保值回报	非套期保值回报	套期保值回报	非套期保值回报	套期保值回报	非套期保值回报
澳大利亚，哥萨克	−0.57	0.76	−0.37	0.46	−1.50	1.25	0.02	1.32
卡塔尔，杜汉	−0.50	0.75	−0.35	0.45	−1.24	1.05	0.26	1.48
利比亚，锡德尔	−0.58	0.72	−0.38	0.49	−1.53	0.91	0.1	1.35
尼日利亚，福卡多斯	−0.62	0.74	−0.43	0.47	−1.46	0.99	0.14	1.47
伊朗，伊朗重油	−0.52	0.64	−0.35	0.45	−1.30	0.72	0.22	1.33
伊朗，伊朗轻油	−0.55	0.67	−0.39	0.45	−1.30	0.79	0.22	1.39
喀麦隆，Kole	−0.58	0.77	−0.38	0.51	−1.10	0.97	0.14	1.52
加蓬，慢得吉	−0.58	0.74	−0.34	0.52	−1.15	0.84	0.15	1.51
卡塔尔，海上	−0.50	0.7	−0.36	0.45	−1.24	0.95	0.21	1.37
阿联酋，穆尔班	−0.50	0.75	−0.35	0.46	−1.28	1.08	0.23	1.46
厄瓜多尔，东部	−0.65	0.57	−0.35	0.49	−1.90	0.55	−0.21	0.94
阿尔及利亚，撒哈兰	−0.60	0.73	−0.42	0.48	−1.57	0.96	0.15	1.42
俄罗斯，乌拉尔	−0.57	0.67	−0.42	0.45	−1.29	0.8	0.22	1.4
印度尼西亚，杜里	−0.61	0.68	−0.37	0.46	−1.82	0.86	0.07	1.33
美国，WTI	0.1	1.22	−0.31	0.51	−1.54	1.16	3.2	4.12

资料来源：能源智能 2008 期货价格和作者计算。

对风险最低套期保值的延伸是考虑套期保值相对非套期保值的期望回报。为了平衡回报的风险，并需规定应用函数，要检验的这个应用函数 U 通常假设成以下的形式：

$$U = E[\Delta W/N] - \alpha \mathrm{Var}[\Delta W/N] \quad \text{（附5-13）}$$

这里 α 是倾向风险的度量。α 值越高，它对选择降低风险的套期保值投资组合越重要。最优的套期保值率 h 可以写成：

$$h = h^* - E(\Delta f)/(2\alpha \mathrm{Var}\Delta f) \quad \text{（附5-14）}$$

最优套期保值率的估计是通过风险最低套期保值率、期货价格变动的均值和方差以及风险偏好参数 α 确定。

公式（附5-14）对公式（附5-6）的替代方程给出了最优套期保值方差值：

$$\text{Var}[\Delta W/N] = \text{Var}\Delta p + (h^2 - 2hh^*)\text{Var}\Delta f \qquad (附5\text{-}15)$$

最优套期保值投资组合的期望回报是：

$$\hat{y} = E(\Delta p) - \hat{y}E(\Delta f) \qquad (附5\text{-}16)$$

最优套期保值的风险降低可以通过现货价格变动的方差分开公式（附5-15）来导出。

对于一个长期套期保值的人，打算在规定的数月内购买实物商品，买入套期保值的对冲加上相当于是，最初原始期货购买到期时立即交货的出售未来交易合同的对冲。公式（附5-3）给出了投资组合价值的所有变化。公式（附5-8）继续给出风险最低对冲率，套期保值的期望回报等于公式（附5-12）的负值，非套期保值的期望回报等于整个套期保值时期现货价格变动的负值。

附录6　价格稳定公式

附录6紧跟第7章并且利用以下的定义：
(1) $P(t)$ 是在时刻 t 的商品现货价格（原油或者石油产品）；
(2) $P(t, i)$ 是时刻 t 的期货价格，在未来时期 i 交货。
在时刻 t 移动平均 n 月过去的价格是：

$$P_m(t,n) = \left[\sum_{i=1}^{i=n} p(t-i)\right]/n$$

时刻 t 与接下来 m 个合同时期一致的平均期货价格是：

$$P_f(t,m) = \left[\sum_{i=1}^{i=m} p(t,i)\right]/m$$

时期 t-1 中 n 个过去价格和 m 个期货价格的平均值用于时期 t 的目标价格，由以下方程得出：

$$P_v(t) = \left[\sum_{i=1}^{i=n} p(t-i) + \sum_{i=1}^{i=m} p(t,i)\right]/(n+m)$$

附录 7 术　　语

反正弦定律（Arc-sine law）：一个定理，也被称作长路径定律，该定律表明，当一枚硬币以相同的正反面几率被多次抛起时，正面出现的次数占总次数的比例要大于背面出现次数所占的比例，这服从于一个确定的数理函数。这个理论意味着在硬币的反面出现比例高于正面之前需要做大量的试验（反之亦然）。

自相关（Autocorrelation）：所谓自相关，即衡量一个变量在其一段连续时间间隔内与前一段固定周期内该变量的值的相关性。

桶（Barrels）：容积单位，等于美制 42 加仑或 159 升。

布伦特原油（Brent crude）：出产于英国北海的一种原油，是其他原油定价的参照基准。

基差风险（Basis risk）：一种由于套期保值交易缺陷的期货所带来的风险，缘于被保值商品与保值工具之间价格的波动差异。

条件方差（Conditional variance）：基于前一时期的信息而进行的在某一点的一系列的方差预测。

相关性（Correlation）：一种计量方法，用于了解两个变量随时间是同向变化还是反向变化。

累积和（Cumulative sum）：在某一时间点的一系列过去数据的总积。

循环（Cycle）：给定数据系列和拟合序列（滤波）的趋势之间的差异。

过滤（Filter）：一系列数据长期趋势的平滑分析。

F 检验（F-test）：一种检验，用于检查两个独立的序列方差是否相等。

广义自回归条件异方差（GARCH）：一种统计学模型，表达出一种状态，在该状态下，波动的方差随时间的推移产生变化。

瓦斯油（Gasoil）：欧洲人发明的炼油过程的中间产物，作为柴油发动机的燃料、中央取暖系统和化工厂的投入给料。

取暖油（Heating oil）：一种蒸馏出的燃料油，主要用于国内的取暖装备和中等产能的产业部门。

异方差性（Heteroskedasticity）：随时间变化的一系列方差的非定常性。

同方差性（Homoskedasticity）：随时间变化的一系列方差的定常性。

滞后变量（Lagged variable）：考虑到一系列当前数值，滞后于时间 K 点的数值就是数值周期 K 之前的值。

平均（Mean）：一系列数据的平均值。

均值回归（Mean reversion）：一系列数据如果最终回归到了平均值，则是均值复归。

非参数检验（Nonparametric test）：非参数或自由分配的检验，不做关于估计变量的潜在分配频率的假定。

非稳定（Nonstationary）：非稳定是指一个过程，在该过程中，可能性分配会随时间变化而变化，这样的一个过程的平均值或方差是非恒量。

虚假设（Null hypothesis）：一种在统计中无效的假设，为了验证另一个假设而存在。一个虚假设在统计检验中一直被假定为"真"，直到被检验出其他值为止。

单面5%检验（One-sided 5 percent test）：也称单面重要性检验，一种统计学假设检验，没能通过虚假设的数值完全落在可能性分配的一边内（如全部结果都是正面，而不是正面反面都有），并且如果只有5%或更低的可能性是真值的话，虚假设就被证伪。

丙烷（Propane）：液化天然气中两种重要的成分之一，另外一种是丁烷。

返回值（Return）：一个变量当前和前期价值的差异（特别是价格）。在第5章和附录5中，指给定一定时间投资或投资组合价值的改变。

残余渣油（Residual fuel oil）：重燃料油，从蒸馏过程中剩余的残渣中产生。

趋向检验（Runs test）：根据完整连续的正面或负面数据的信息进行的一种随时间变化的一系列数据的检验。

震动（Shock）：一些外部的因素引起一个意料之外的变量变动，这个变动没有经过考虑，特别是价格。

逗留期（Sojourn）：在变动之前，时间数的累加之和保持正值（或负值）。

标准偏差（Standard deviation）：数据方差的平方根。

固定值（Stationary）：如果可能性的分配没有随时间改变而改变，则该过程被认为是固定的，均值和方差都是常数。

时间序列（Time series）：在连续时间段内的一系列数据点，通常具有统一的时间间隔。

单位根（Unit root）：当前值若等于先前值加一个随机值，则这一系列的数据就是单位根。

美制加仑（U.S. gallon）：一种容积单位，等于3.79升。

方差（Variance）：一种对离差或变化的测量，该差异基于均值上下的平均平方值。

西得克萨斯轻质原油（West Texas Intermediate，WTI）：一种主要的原油，被用于原油定价的基准，WTI合约的交割地点在俄克拉何马州的库新（Cushing）。

附录 8　缩略词

ADF　扩充迪基富勒
ESMAP　能源部门管理援助计划
GARCH　广义自回归条件异方差
GDP　国民生产总值
HHDI　HH 多样指数
HP　滤波
ICE　洲际交易所
IEA　国际能源署
IRR　内部收益率
NYMEX　纽约商品交易所
OPEC　石油输出国组织
PSA　产品分成协议
U.S. BIA　美国能源信息管理局
WTI　西得克萨斯轻质原油

参 考 文 献

［1］Alaska Department of Revenue. 2002. "Hedging Oil Revenues: What Is It? When Should Alaska Do It, If at All? Why Should Alaska Consider It?" Juneau: Commissioner of the Alaska Department of Revenue. www.revenue.state.ak.us/TREASURY/publications/ Hedgingfi nal.pdf.

［2］Ash J C K, Easaw J Z, Heravi S M, Smyth D J. 2002. "Are Hodrick–Prescott 'Forecasts' Rational?" Empirical Economics 27: 631–43.

［3］Automotive Environment Analyst. 2004. "Mixed Responses to Bush CAFE Proposals." 105 (February): 23.

［4］Bacon, Robert W, Soma Bhattacharya. 2007. "Growth and CO_2 Emissions: How Do Different Countries Fare?" Environment Department Paper No. 113, Climate Change Series. Washington DC: World Bank.

［5］Bacon, Robert, Masami Kojima. 2006. Coping with Higher Oil Prices. ESMAP Report 323/06. Washington, DC: World Bank. http://esmap.org/filez/pubs/372007122243_CopingWith HigherOilPrices_323–06. pdf.

［6］Bacon, Robert, Silvana Tordo. 2005. "Crude Oil Price Differentials and Differences in Oil Qualities: A Statistical Analysis." ESMAP Technical Paper 081. Washington, DC: World Bank. www.esmap.org/fi lez/pubs/652007104920_CrudeOilPriceDifferentials.pdf.

［7］Bailey R E. 2005. The Economics of Financial Markets. Cambridge, UK: Cambridge University Press.

［8］Bloomberg.com. Online subscription data source. 2007.

［9］Brathwaite L D, Bradley C. 1997. "Analysis of Petroleum Product Prices (1992–1997) and the Feasibility of a California Product Reserve." Sacramento: California Energy Commission, Energy Information and Analysis Division, Fuel Resources Offi ce.

［10］Business Report. 2008. "Sasol's Hedging Strategy Is a R3bn Loser." March 13.

［11］Claessens S, Varangis P. 1991. "Hedging Crude Imports in Developing Countries." Policy, Research, and External Affairs Working Paper WPS 755. Washington, DC: World Bank.

［12］1994. "Oil Price Instability, Hedging, and an Oil Stabilization Fund: the Case of Venezuela." International Economics Department Policy Research Working

Paper 1290. Washington, DC: World Bank.

[13] Clem, Andrew. 1985. "Commodity Price Volatility: Trends during 1975–1984." Monthly Labor Review 108 (6): 17–21. www.bls.gov/opub/mlr/1985/06/art2full.pdf.

[14] Cochrane, John H. 1988. "How Big Is the Random Walk in GNP?" Journal of Political Economy 96: 893–920.

[15] Daily Mirror (Sri Lanka). 2007. "Oil Hedging First of a Kind Deal a Success." April 21.

[16] Daniel J A. 2001. "Hedging Government Oil Price Risk." Working Paper WP/01/185. Washington, DC: International Monetary Fund.

[17] Dehn, Jan, Christopher L Gilbert, Panos Varangis. 2005. "Agricultural Price Volatility." In Joshua Aizenman and Brian Pinto, eds., Managing Economic Volatility and Crises. New York: Cambridge University Press.

[18] Devlin J, Titman S. 2004. "Managing Oil Price Risk in Developing Countries." World Bank Research Observer 19: 119–39.

[19] DynMcDermott. 2005. www.quality.nist.gov/PDF_fi les/DynMcDermott_Application_Summary. pdf.

[20] East African. 2000. "Tough Choices as Energy Crisis Grows." May 22.

[21] Emerson S A. 2006. "When Should We Use Strategic Oil Stocks?" Energy Policy 34: 3377–86.

[22] ENAP (Empresa Nacional del Petróleo). 2007. "Petroleum Derivative Fuel Price Stabilization Fund (FEPC)." www.enap.cl/ingles/opensite_20051213113237.asp.

[23] Energy Intelligence. 2008. "Oil Market Intelligence Numerical Datasource." Online subscription data source. www.energyintel.com/.

[24] EPPO (Energy Planning and Policy Offi ce, Ministry of Energy, Government of Thailand). 2008. "Table 9: Tax and Oil Fund Revenue." www.eppo.go.th/info/index_prices.html.

[25] ESMAP (Energy Sector Management Assistance Program). 2001. Pakistan Clean Fuels. ESMAP Report 246/01. Washington, DC: World Bank. www.esmap.org/fi lez/pubs/pakistancleanfuels. pdf.

[26] 2005. Household Energy Supply and Use in Yemen Volume I: Main Report. ESMAP Report 315/05. Washington, DC: World Bank. www.esmap.org/fi lez/pubs/31505Vol1ForWebsite. pdf.

[27] Federico, Giulio, James A Daniel, Benedict Bingham. (2001). "Domestic Petroleum Price Smoothing in Developing and Transition Countries." Working Paper WP/01/75. Washington, DC: International Monetary Fund.

[28] Feller, William. 1950. An Introduction to Probability Theory. New York: Wiley International.

[29] Financial Times. 2007. "CPC Confirms Hedging Options." February 11.

[30] Gerner, Franz, Silvana Tordo. 2007. Republic of Yemen: A Natural Gas Incentive Framework. ESMAP Report 327/07. Washington, DC: World Bank. www.esmap.org/filez/pubs/11282007102054_RepublicofYemenNaturalGas.pdf.

[31] Gwilliam, Ken, Masami Kojima, Todd Johnson. 2004. Reducing Air Pollution from Urban Transport. Washington, DC: World Bank. www.cleanairnet.org/cai/1403/article-56396.html.

[32] Hale & Twomey Limited. 2005. "Oil Security." Report prepared for Ministry of Economic Development, Government of New Zealand.

[33] Harks E. 2003. "Security of Oil Supply, Oil Crisis Mitigation Stocks." Paper presented at Centre for European Policy Studies, Energy Research Centre of the Netherlands, and Fondazione Eni Enrico Mattei workshop, "Insuring against Disruptions of Energy Supply," Amsterdam, May 6–7.

[34] ICCT (International Council on Clean Transportation). 2007. "Passenger Vehicle Greenhouse Gas and Fuel Economy Standards: A Global Update." www.theicct.org.

[35] IEA (International Energy Agency). 2007. "IEA Response System for Oil Supply Emergencies." Paris: IEA.

[36] IMF (International Monetary Fund). 2007. "Domestic Petroleum Product Prices and Subsidies: Recent Developments and Reform Strategies." Working Paper WP/07/71. Washington, DC: IMF.

[37] Johnston, Daniel. 2003. International Exploration Economics, Risk, and Contract Analysis. Tulsa, OK: Penn Well Corporation.

[38] Jost L. 2006. "Entropy and Diversity." Oikos 113: 363–75.

[39] Kojima, Masami, Donald O Mitchell, William Ward. 2007. Considering Trade Policies for Liquid Biofuels. Washington, DC: World Bank. http://siteresources.worldbank.org/INTOGMC/Resources/Considering_trade_policies_for_liquid_biofuels.pdf.

[40] Kuper, Gerard H. 2002. "Measuring Oil Price Volatility." CCSO Working

Paper 200208. Groningen, the Netherlands: CCSO Centre for Economic Research, University of Groningen. http://econpapers.repec.org/paper/dgrrugccs/200208.htm.

[41] Lamech, Ranjit, Masami Kojima, Robert Bacon. 2007. "East Asia & Pacific Energy Flagship Study. Consultation Meetings." Jakarta, September 27–28.

[42] LeClair, Mark S. 2006. "Achieving Gasoline Price Stability in the U.S.: A Modest Proposal." The Energy Journal 27: 441–54.

[43] Lee, Thomas K, John Zyren. 2007. "Volatility Relationship between Crude Oil and Petroleum Products." Atlantic Economic Journal 35: 97–112.

[44] Leiby P N. 2004. "Impacts of Oil Supply Disruption in the United States and Benefits of Strategic Oil Stocks." Paper presented at the International Energy Agency–Association of Southeast Asian Nations Workshop, "Oil Supply Disruption Management Issues," Cambodia, April 5–8.

[45] Libertady Desarollo. 2006. "How an Oil Stabilization Fund Becomes a Tax?" March 24. www.lyd.com/english/noticias/763how.pdf.

[46] Oil and Gas Journal. 2007a. "Study Examines Chinese SPR Growth Alternatives." July 23.

[47] ———. 2007b. "China Fills First SPR Site, Faces Oil, Pipeline Issues." August 20.

[48] Pindyck, Robert S. 1999. "The Long-Run Evolution of Energy Prices." Energy Journal 20: 1–27.

[49] Regnier Eva. 2007. "Oil and Energy Price Volatility." Energy Economics 29: 405–27.

[50] Reinhart C M, Wickham P. 1994. "Commodity Prices: Cyclical Weakness or Secular Decline?" IMF Staff Papers 41: 175–213. Washington, DC: International Monetary Fund.

[51] Satyanarayan S, Somensatto E. 1997. "Trade-offs from Hedging Oil Price Risk in Ecuador." World Bank Policy Research Working Paper 1792. Washington, DC: World Bank.

[52] Secomandi Nicola. 2007. "Optimal Inventory Trading for Commodity Storage Assets." Tepper Working Paper 2005-E59. Pittsburgh: Carnegie Mellon University.

[53] Switzer L N, El-Khoury M. 2007. "Extreme Volatility, Speculative Efficiency, and the Hedging Effectiveness of Oil Futures Markets." Journal of Futures Markets 27: 61–84.

[54] Taylor, Jerry, Peter Van Doren. 2005. The Case Against the Strategic

Petroleum Reserve. Policy Analysis 555. Washington, DC: Cato Institute.

[55] TERI (Tata Energy Research Institute). 2001. Cost of Unserved Energy. Report 98PG42. New Delhi. www.teriin.org/projects/ES/ES1998PG42.pdf.

[56] United Nations Conference on Trade and Development. 2005. "The Exposure of African Governments to the Volatility of International Oil Prices, and What to Do about It." UNCTAD/DITC/COM/2005/11. Geneva.

[57] U.S. EIA (Energy Information Administration). 2008a. Petroleum spot prices. http://tonto.eia.doe.gov/dnav/pet/pet_pri_spt_s1_d.htm.

[58] 2008b. International data. www.eia.doe.gov/emeu/international/contents.html.

[59] Valdés R. 2006. "Issues in Domestic Petroleum—Pricing: The Chilean Experience with Stabilization Funds." Santiago: Central Bank of Chile. www.bcentral.cl/politicas/presentaciones/ejecutivos/pdf/2006/rvp15092006.pdf.

[60] Van Marrewijk, Charles, Casper G de Vries. 1990. "The Customs Union Argument for a Monetary Union." Journal of Banking and Finance 14: 877–87.

[61] Wickham, Peter. 1996. "Volatility of Oil Prices." Working Paper WP/96/82. Washington, DC: International Monetary Fund.

[62] Yun, W. 2006. "Selective Hedging Strategies for Oil Stockpiling." Energy Policy 34: 3495–504.

能源部门管理援助计划

目的

能源部门管理援助计划始于1983年,是由世界银行管理,双边官方资助的一个全球技术援助合伙企业。能源部门管理援助计划的任务就是要进一步减少能源在贫困地区的使用,以及促进经济在保护环境的情况下可持续增长。它的工作适用于新兴的低收入转变形经济,可以实现国际性发展目标。能源部门管理援助计划属于知识型生产,包括自由技术援助、特殊研究、咨询服务、领航项目、知识创造、宣传、培训、研讨会、会议、圆桌谈判和出版工作。

能源部门管理援助计划的工作关注四个主要主题项目:能源安全,可再生能源,能源贫困,市场的有效性和管理。

管理和操作

能源部门管理援助计划由一个咨询小组管理,这个小组由世界银行的代表、其他资助人员以及受益于能源部门管理援助计划帮助的各地区的发展专家组成。能源部门管理援助计划咨询小组的主席由世界银行的副总裁担任,由独立能源专家组成的技术咨询组辅助,这个咨询组负责审查项目战略议程、工作计划和完成情况。能源部门管理援助计划主要依托一批工程师、能源计划者、世界银行以及大型能源和发展团队的经济学家开展工作。

基金

ESMAP是由世界银行和澳大利亚、奥地利、丹麦、法国、德国、冰岛、荷兰、挪威、瑞典、英国、联合国基金会官方筹资支持的知识团队。ESMAP同样欢迎来自私人的筹资和来自能源与发展领域团队成员的非现金支持。

更多信息

想了解更多信息，ESMAP 年度报告，项目报告的副本，请浏览 ESMAP 的官网，www.esmap.org。也可以通过 ESMAP 的邮箱 esmap@worldbank.org 联系我们，或者通过以下邮寄地址：

ESMAP
c/o Energy, Transport and Water Department
The World Bank Group
1818 H Street, NW
Washington, DC 20433, USA
Tel.: 202−458−2321; Fax: 202−522−3018